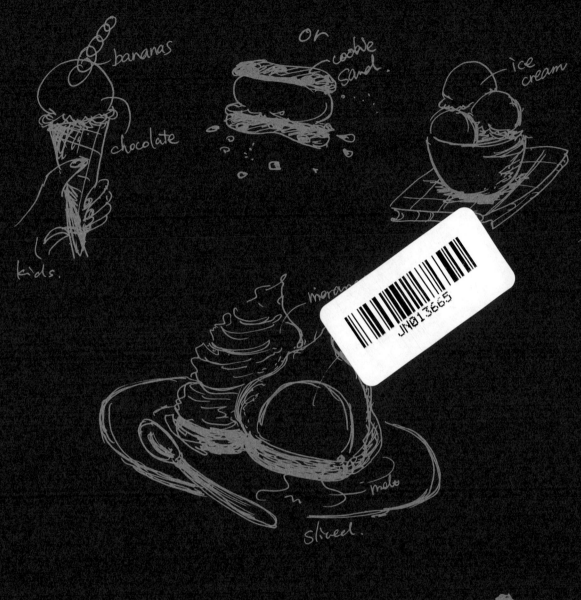

bananas

chocolate

kids.

or

cookie
sand.

ice
cream

moran

moto

slived.

sweets

fruites

kids.

crem

chocolate dishes

banana

cookies

marshmallows

Présentation

はじめに

お菓子作りは、まるで科学実験。

当たり前に使っている材料でも、
その組み合わせには、ちゃんと理由があります。

素材に自然界の法則があるからこそ、
作り方にちゃんとした決まりが生まれてレシピになります。

作るだけでなく、お菓子の裏側をのぞいてみましょう！

そして、大切な人や家族、お友達と食べるときには、
クリエイティビティを発揮！

科学の次は、まるでアート。

大袈裟なことではなく、暮らしに身近なお菓子作りは、
自然科学に耳を傾け、想像力を育み、心の豊かさにまで通じると私は信じています。

それで、おいしいお菓子が一緒に味わえるなんて、
とてもステキなこと。

そのお手伝いができれば、幸いです。

太田さちか

目　次

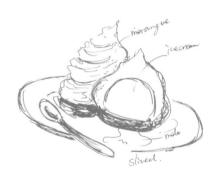

空気が隠し味？

温度や重さの違いを利用する

色と形を楽しむ

親愛なるリトルシェフたちへ

**お菓子作りをする前に、お母さんから、この文章をお子さんに読んであげてみて下さい。
一緒に作る時の約束事が書かれています。**

Faites attention à la sécurité

安全に気をつける

お菓子作りでは、包丁やハンドミキサー、オーブンなどを使います。急いでやろうとしないで、怪我や火傷のないように注意しましょう。

Propre, bien rangé

清潔、整理整頓

必要な道具が揃っているか、いらないものは片付いているかをチェックしましょう。キッチンでは服を汚さないのもポイント。科学の実験と同じで、道具や手などが汚れていて、少量でも違うものが混ざってしまうと、泡立たなくなったり、膨らまなくなったりします。手を洗う、道具をきれいに洗って干すことは、バイ菌を減らすだけでなく、おいしいお菓子を作るのにとても大切です。

道 具

・ボウル
サイズ違いをいくつか用意。温度調節のため熱伝導率が高いステンレスがおすすめ。

・バット
粉をまぶしたりするのに便利。またゼリーなどをまとめて作ったり、材料をまとめたりするのにも使えます。

・粉ふるい
粉類はしっかりと火を通したい食材。ダマになっていると生焼けの原因になるので、しっかりふるいましょう。

・はかり、計量スプーン、計量カップ、温度計
きちんとはかるために必要な道具。正しい使い方を知ろう。

・小鍋
お菓子作りによく出てくる小さめの鍋。料理をする時に使う鍋よりひとまわり小さいものが便利。

・泡立て器、ゴムべら
お菓子の材料を混ぜる時に使う。混ぜる時の力加減で使い分ける。

材 料

まず、お菓子作りの材料は新鮮なものを選びましょう。なぜ新鮮なものがいいかというと、色、形、状態が良く、できあがりがおいしくなるからです。果物など調べていくと、その果物の旬や、手間ひまかけて栽培している産地や農家さんが分かります。また小麦粉やチョコレートでも色んな国のものがあることなどを知ることもできます。

バターを室温にもどすって？

バターは、冷たいままだと卵などの液体と混ざらないため、室温において柔らかくしてから使いましょう。ラップをしたバターを指で押したとき、スッと指の跡が残るくらいの柔らかさが理想です。ここで出てくるお菓子作りに使うバターは、食塩不使用のものを使います。

きちんとはかる

計量の仕方

小さじ1は5ml、大さじ1は15ml。ml=gです。

「すり切り一杯」を作るには、まず山盛りにすくって、スプーンの背などで山をけずって戻します。「ひとつまみ」とは、人差し指と中指と親指の3本で軽くつまんだ量のことです。

計量スプーンで砂糖などを計る場合はすり切り一杯に

ひとつまみというのは約1gのこと

メモリの見方について

カップ1杯は200ml。液体を入れてメモリを見る時、上から見るとふちの水面が、カップに沿って少し盛り上がって見える時があります。水平な場所に置いて、真横から見て確認しましょう。

計量のいろいろ

gやml、ccなど色んな単位が出てきますが、国によっても違います。例えばアメリカだと1カップは240ml。テーブルスプーンやティースプーン1杯なんていうレシピも。国の文化や歴史、暮らしの違いから計量の表し方も少しずつ違います。

状態変化を見る

お菓子作りでは観察力が大事。実はここにおいしくするポイントが隠れています。こ
こでは生クリームの泡だての状態変化を紹介します。

ボウルに冷えた生クリームと砂糖を入れ、ハンドミキ
サーで撹拌する。
このとき、ボウルの底に大きめの保冷剤を当てて冷や
しながら泡立てる。

↓

液体から徐々に個体に変化してくるよ！
撹拌することで生クリームに含まれる脂肪分が傷つい
てくっつき合い空気を抱え込みながら、だんだん固まっ
てくる。

↓

6分立て
全体にとろみがつき、泡立て器ですくい上げると、とろ
とろと流れ落ち、流れた跡がリボン状になるのが「6分
立て」。何かに混ぜて使うことが多く、一番多く登場す
るクリームの状態です。本書ではアイスクリーム（P64）
やマスカルポーネクリーム（P39）で使用。

↓

7分立て
泡立て器ですくい上げると、少し留まってからとろり
と落ち、ホイッパーにツノが残る状態が「7分立て」。
ケーキに塗るクリームに向いていて、本書ではフラ
ワーケーキ（P90）や輪切りのフルーツケーキ（P94）
のナッペで使用。

↓

8分立て
泡立て器ですくい上げると、柔らかいツノが立つ状態
が「8分立て」。絞り袋に入れてデコレーションに使
うことが多い。本書では、デコレーションマグケーキ
（P53）に使用。これ以上撹拌しすぎると脂肪分が壊
れてクリームがボソボソになってしまうので注意。

生クリームを冷やしながら泡立てるのは何故？

生クリームの乳脂肪分は、温度が高いと柔らかく、温度が低いと硬くなる性質を持っています。そのため、泡立てるときに低い温度を保つと、きれいに固まり、きめの細かい、口溶けのいいクリームに仕上がります。生クリームは、使う直前まで冷やしておきましょう。

泡立てのとき、氷水の代わりに大きめの保冷剤を敷くと、水が入る心配もなく便利。

Suivez l'ordre et la quantité d'ingrédients

材料を入れる順番や量を守る

レシピには、入れる順番が書かれています。同じボウルに入れるのだから、全部まとめて入れても同じでは？と思うかもしれませんが、2つ以上のものを合わせる時、状態変化や化学反応が起こって別の結果になることがあります。例えば卵白を泡立てる時、砂糖を最初に全部入れてしまうと泡立ちが悪くなります。また卵を泡立ててから小麦粉を入れるのと卵と一緒に小麦粉を入れるのとでは、小麦粉の粘性（グルテン）が働いて状態や味が変わってくることもあります。ですから、入れる順番などの手順は守るようにしましょう。

Servir

盛り付けは自由に！

見て味わうというように、季節や素材の美しさを表現することを大切に。アーティストみたいに、自分の好きな雰囲気やアイデアを作ってみることにも挑戦してみて。

砂糖はとても不思議です。

温度で七変化します。

例えば塩と水を熱しても、塩に戻るだけですが、

砂糖と水を火にかけると、

100℃で液体のシロップになり、

110℃前後でまた白く結晶化するフォンダンに、140℃で飴に、

170℃以上では茶色いカラメルに変化します。

Le sucre est mystérieux!

砂糖は不思議！

カラメルになった後、冷やしてももう元には戻りません。

こんなに見た目も色も味も形も

変化を遂げるのは砂糖だけ。

親水性を持つ、ものを腐りにくくする、

泡を安定させる、少量の砂糖は発酵の促進にもなります。

これらの不思議な砂糖の力を利用して、

お菓子はできています。

plane

Caramel

Blue hawaii

Strawberry

宝石のように、キラキラした砂糖菓子の琥珀糖。
砂糖の結晶化が見えるかな？

宝石のお菓子

材料（製氷皿20個分）

水……………… 200ml
砂糖………… 300g
粉寒天……… 4g
かき氷シロップ（いちご、キャラメル、ブルーハワイ）
　　　　……… 各小さじl

作り方

1. 製氷皿は水で濡らしておく。（琥珀糖が取り外しやすくなる。）

2. 小鍋に水、砂糖、粉寒天を入れて中火にかける。

3. 沸騰したら弱火にして、2〜3分温め、糸を引く程度のとろみがついたら火から下ろす。

4. 製氷皿に3を流し入れ、お好みでシロップをスプーン一滴ずつ加え色づけし、軽く混ぜる。冷蔵庫で30分冷やす。

5. 製氷皿から取り出してクッキングシートの上に並べ、ラップはせずに風通しのいい場所で3〜4日乾燥させる。

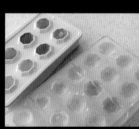

Point

⚗ 結晶化を観察してみよう

I日ごとに砂糖がだんだん結晶化していく様子を観察してみよう。乾燥させると表面は固くシャリっとした食感、中は弾力のある柔らかい食感のまま。2つの食感が楽しめるよ。

作りたて　　　数日後　　　一週間後

✚ 宝石感の強い生の状態を食べてみる

琥珀糖は半生菓子といわれる和菓子。まだ外側が乾燥していない時でも食べられ、作り立ての時が一番キラキラして宝石っぽい。写真は宝石型の製氷皿から出したばかりの状態。

02

まるで時間が止まったような不思議な形。
一体どうやって作る？

時が止まった、キャラメルクラウン

材料（カップケーキ型小10個分）

グラニュー糖 ……… 100g
水 ……………………… 20ml
塩 ……………………… ひとつまみ
クリームチーズ …… 100g
お好みのフルーツ … 適量

作り方

1 カップケーキ型をひっくり返した状態で用意しておく。

2 小鍋にグラニュー糖、水、塩を入れて弱火にかけ、キャラメル
　色になるまで煮詰める。この時、かき混ぜないのがポイント。

3 2をスプーンを使って1の型に回しかける。

4 粗熱が取れたら、型からキャラメルをそっと外す。

5 4のキャラメルクラウンに、ホイップしたクリームチーズと好み
　のフルーツを添える。

Point

⚗ どんな形にもできる

砂糖と水で作る飴菓子は瞬時に固ま
る。その性質を上手く使えば、色んな
形の飴飾りを作れる。スプーンの背に
スプーンですくったキャラメルを左右
に動かしたり、バットにキャラメルを
広げ、めん棒で割ると飾りになる。

03

お祭りでよく見かける、りんご飴。
作り方を覚えて、自分で作ってみよう。

りんご飴

材料（姫りんご10個分）

姫りんご ····················· 10個
グラニュー糖 ················· 200g
水 ···························· 80ml
食用色素（赤）··············· ごく少量

作り方

1　姫りんごはよく洗い、小枝※や竹串などを刺す。
　　※自然の小枝を使う時は毒を持たない樹木のものを。キョウチクト
　　ウ、アジサイなど毒の強い枝もあるので気をつけよう。

2　小鍋にグラニュー糖と水、食用色素を入れて火にかける。こ
　　の時、かき混ぜないこと。かき混ぜると砂糖が結晶化して、ざ
　　らざらになってしまう。

3　2が全て溶けて140℃になったら、素早く姫りんごをくぐらせ
　　クッキングシートに並べる。170℃以上になるとカラメルにな
　　り、苦味が出てしまうので注意。

Point

🧪 コーティングの温度は140℃

140℃という温度がポイント。水を少し多めにすることで、りんご全体に絡み固めやすくなる。また「パラチニット」という飴細工用の砂糖を使う場合は水いらず。色んな砂糖で試してみよう。

➕ ほかのフルーツでも作ってみよう!

果物によって作りやすいものと、水分が多く向かないものもある。いちご、ぶどう、さくらんぼは早めに食べるのがおすすめ。飴に気泡があるのはおいしい証。

04

1ヶ月くらいもつよ

とってもシンプルだけど、砂糖の変化を目で見て、体験できるレシピ。

カリカリのローストナッツ

材料 (作りやすい分量)

ミックスナッツ (ロースト)※ ……… 200g
グラニュー糖 ………………… 75g
水 …………………………… 25ml
無塩バター ………………… 15g
ドライカレンツ ……………… 20g
シナモン …………………… 大さじ1

※ローストナッツでない場合は、ナッツを100℃に予熱したオーブンで約40分ローストしておく。

作り方

1 小鍋に水とグラニュー糖を入れ、強火にかける。

2 木べらですくって糸を引く状態になったらナッツを入れて火から下ろし、混ぜる。

3 分量外の水大さじ1とバターを加えて再び火にかける。

4 全体に絡めたらクッキングシートに1粒ずつ広げて冷ます。

5 冷めたら好みでシナモンをふり、ドライカレンツと合わせる

Point

🧪 砂糖の変化を見る

140℃の飴状になった砂糖が冷めると、ガリガリとした結晶に変化する様子がよく分かる。バターと水を入れると、一瞬水分量が増えて飴が離れ、バターの油分が加わってバラバラに離れる。

➕ 日持ちするからプレゼントに使える!

お父さんもおばあちゃんも大好きな味。保存もきくから瓶に詰めてラッピングをしてプレゼントしてみよう。

砂糖の実験

05

弾力があって、グミのような食感。
この弾力のヒミツはどこにある?

グミ食感!
パート ド フリュイ

材料（20個分）

ピューレ（フランボワーズ）… 320g
レモン汁 ………………………… 10ml
ペクチン …………………………… 10g
グラニュー糖 …………………… 325g
水あめ………………………………… 30g
転化糖………………………………… 40g

作り方

1 鍋にピューレとレモン汁を入れてひと煮立ちさせ、ペクチン、
　　グラニュー糖25gを加えて煮る。

2 さらに、水あめと転化糖、グラニュー糖300gを加え、混ぜな
　　がら107℃まで温度を上げる。

3 火を止めてバットに流し入れる。

4 固まったら、バットから外して好きな形に切ったり、好きな型
　　でくり抜く。

5 分量外のグラニュー糖をまぶして仕上げる。

Point

🧪 **107℃＋ペクチン**

107℃という温度設定はフォ
ンダンの状態。100℃近くの
シロップと140℃近くの飴の状
態の中間。ペクチンも使うこと
で、柔らかいまま果汁を閉じ込
め成形することができる。この
砂糖と温度の関係を知れば、
グミ食感のできあがり！　好き
な型で抜くのもいいね。

13. Zwerg-Hexentrutz

これぞ、まさに科学の実験。
レモンと砂糖を組み合わせると不思議！

レモンビスケット

材料（20枚分）

【ビスケット】	【アイシング】
無塩バター …… 75g	粉砂糖………… 100g
粉砂糖………… 80g	レモン汁 ……… 大さじ2
薄力粉………… 200g	
卵黄…………… 1個分	

作り方

1 バターと卵は常温にもどしておく。

2 ボウルにバターを入れ、粉砂糖80gを加えて混ぜる。

3 2にふるった薄力粉を加えて混ぜたら、溶いた卵黄を加え
てひとまとめにする。この時、まとまらないようなら、水大
さじ1程度を足してひとまとめにする。

4 3をめん棒で伸ばし、好きな型で型抜きをする。クッキング
シートを敷いた天板にのせ、180℃に予熱したオーブンで
15分焼く。

5 粉砂糖100gにレモン汁を少しずつ加えて、アイシングを作
る。アイシングはひらひらと落ちず、とろっと落ちるくらい
の固さにする。

6 粗熱が取れたビスケットにアイシングをスプーンの背で伸
ばしながら塗って、乾かす。

Point

粉砂糖＋レモン

粉砂糖にレモン汁を加えると固まるのは
酸の力。粉砂糖を卵白や水で固まらせる
方法もあるけれど、卵白を使うアイシン
グと違ってレモンを使うとツヤツヤに固
まり、透明感がでるのが特徴。

一口に「砂糖」と言っても、いろいろあります

お菓子作りに欠かせない砂糖。
種類を変えたら味や仕上がりが変わります。

グラニュー糖

上白糖よりも純度が高く、サラッとして、甘みが強い。色もなく味にクセがないので食材の色や味を生かしたお菓子によく合う。お菓子作りには欠かせない砂糖の代表格。

粉砂糖

グラニュー糖をもっと細かい粉の状態にしたもの。焼いた時にザラつきのないなめらかな状態に仕上げたい時に使う。仕上げにかけることも。

てんさい糖

原料となる甜菜（てんさい）には、腸内環境を整える天然のオリゴ糖が含まれ、血糖値の上昇が緩やか。風味と歯ごたえ、色味がつく。

メープルシュガーパウダー

砂糖楓（さとうかえで）の樹液から作られるメープルシロップから、水分だけ取り除いて粉状になったもの。天然の旨みと、さらりとしたなめらかさが持ち味。

パラチニット

砂糖が原料の低カロリー甘味料で、カロリーは砂糖の約半分。熱に強く、加熱しても焦げ付きがなく色がつきにくいため、飴細工などに使いやすい。

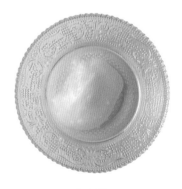

転化糖

強い吸湿性があり、結晶化しにくいペースト状になった砂糖の一種。お菓子がパサつかず、しっとりとした仕上がりになり、その状態を保ちやすい。

L'air est un goût secret?

空気が隠し味?

空気は目に見えず、味もしない。

でもお菓子作りにおいて、空気は大切な材料の一つ。

スポンジやメレンゲなどを、ふわふわの状態で

焼き上げるには、空気の力も大きく関係します。

例えばワインの瓶の中に、一枚の鳥の羽と、

一個のビー玉を入れた時、

瓶をひっくり返したら、

先に落ちるのは、もちろんビー玉。

でも、ワインセーバーというワインの酸化を防ぐ道具で

瓶の中の空気を抜いて真空状態にすると…

鳥の羽もビー玉も同じ速度で落ちてきます。

空気って不思議です。

その力を操れるようになると、

お菓子は格段に上手に仕上がります。

01

温かいものと、冷たいものが一つに合体。
作る方も食べる方もドキドキする不思議な世界。

2つの温度を一度に味わえる！
ベイクドアラスカ

材料（2人分）

【アイスクリーム】 ※市販のものでも可
卵黄 ………………… 2個分
グラニュー糖 ………… 30g
生クリーム ………… 200ml
いちごジャム ………… 70g

【スポンジ】 ※市販のものでも可
基本のスポンジケーキ（P54参照）… 1台

【メレンゲ】
卵白 ………………… 2個分
グラニュー糖 ………… 100g
塩 …………………… ひとつまみ

下準備

スポンジケーキは横半分に切って直径約5cmの円形に2枚くり抜く。
メレンゲ（P28）の作り方と同様にメレンゲを作り、口金をつけた絞り袋に入れる。

作り方

1. 「バニラアイスクリーム（P64）」の作り方1〜2と同様にし、ジャムを加えて混ぜる。

2. 大きなボウルに分量外の氷200gと塩60g（氷に対して約30%の塩）を入れる。

3. 2の上で1をさらに泡だて、アイスクリームになったら冷凍庫で凍らせておく。

4. クッキングシートを敷いた天板にスポンジを並べ、その上にアイスクリームをディッシャーなどで1スクープずつのせる。

5. 4の上からメレンゲを絞り出す。このとき、アイス全体をメレンゲで覆うようにする。

6. 200℃に予熱したオーブンで4〜5分焼く。

Point

🧪 **泡には断熱する力がある**

温度の違いで素材の状態がさまざまに変わる不思議な世界。外側のメレンゲは200℃のオーブンでこんがり焼ける。メレンゲには空気変性といって状態を安定させる力があるので表面は高温でも、中に入ったアイスまで熱があまり伝わらず、ほど良い固さに。不思議な世界を召し上がれ。

溶けないか心配

メレンゲの作り方

メレンゲの作り方をマスターすれば、色んなお菓子作りに応用できる。
もちろんそのまま焼いただけでも、とってもおいしい！

材料

卵白······················ 2個分
グラニュー糖 ··········· 100g
塩························· ひとつまみ

Point

🧪 卵白+砂糖の不思議

卵白を泡立ててメレンゲを作る際、どうして3回に分けて砂糖を入れるのかといえば、実は砂糖は泡の表面を壊す性質があるため、同じ分量でも一度にまとめて入れてしまうと、上手く泡立たなかったりする。その反面で、砂糖はきめが細かい泡を作り、気泡を安定させる力がある。分量が同じでも、作り方が違うと異なる結果になる。

1 ボウルに卵白と塩を入れる。

2 卵白をしっかりと切るようにハンドミキサーで
よく混ぜる。

3 全体が白っぽくなってきたら、グラニュー糖小
さじ1を加えてよく泡立てる。

4 泡がきめ細かくなってつやが出てきたら、残りの
グラニュー糖の半量を加えてさらに泡立てる。

5 さらにつやが増して、筋が残るくらいになった
ら、残りのグラニュー糖を加えて泡立てる。

6 全体がなめらかになって角がしっかりと立つま
で泡立てる。ボウルを逆さにしてもメレンゲが
落ちてこないくらいの固さが目安。

02

上から見ても下から見ても同じような楽しい宇宙空間パフェ。
一体どうなってる?

無重力パフェ

材料（グラス4個分）

市販のグラノーラ ………… 40g
卵白………………………… 1個分
グラニュー糖 ……………… 50g
塩…………………………… ひとつまみ
ビスケット ………………… 4枚　＊作り方別、（市販のものでも可）
ハーブやフルーツ ………… 適量（デコレーション用）

作り方

1. グラスにグラノーラを10gずつとハーブやフルーツを好みで入れる。

2. メレンゲ（P28）の作り方と同様にメレンゲを作り、口金をつけた絞り袋に入れ、ビスケットの上に絞り出す。

3. 1のグラスにメレンゲを絞った方が下になるように、2のビスケットをのせる。

4. 蓋をしたビスケットの上にメレンゲを絞り、残りのハーブ、フルーツを飾る。

ビスケットの作り方

室温にもどしたバター35gにてんさい糖40gをすり混ぜ、ふるった小麦粉100gと卵黄1/2個分、紅茶の茶葉小さじ1/2を加えて混ぜひとまとめにする。グラスの口より一回り大きい大きさの形に整え、180℃に予熱したオーブンで15分焼く。

Point

🜊 ひっくり返しても落ちない！

ひっくり返しても落ちないメレンゲの形を保持する力を使って、まるで無重力のような見た目を演出。そのヒミツは小さな無数の泡。メレンゲには多くの空気が含まれていて軽いため、形が崩れず、逆さにしても落ちない。

03

卵白に砂糖を加えて、泡立てて
たっぷり空気を含んだまま焼いたメレンゲをツリーにしてみよう。

メレンゲキッスのツリー

材料 (直径10cm円錐1個分)

卵白 ………………………………… 2個分
グラニュー糖 ……………………… 100g
塩 …………………………………… ひとつまみ
食材パウダー (いちご、紫芋、抹茶)… 各2g
チョコレートペン (ホワイト)………… 1本
円錐の発泡スチロール

作り方

1. メレンゲ (P28) の作り方と同様にメレンゲを作り、4等分していちごパウダー、紫芋パウダー、抹茶パウダーをそれぞれに加えて混ぜ、プレーンと合わせて4色作る。

2. 口金をつけた絞り袋にそれぞれ入れる。

3. クッキングシートを敷いた天板に2を絞り出す。

4. 100℃に予熱したオーブンで1時間半焼き、庫内に30分入れたままにして粗熱をとる。

5. チョコレートペンを使って、粗熱の取れた4を円錐に貼り付ける。

こんなふうにラッピングしてプレゼントにも使える!

清潔な容器に食品用乾燥剤とともに入れ、ふたをきっちりして保存すると約2週間保存可能。

Point

🔬 表面張力を保ったまま焼き上がる

卵白は90%が水分。一方でメレンゲ菓子は水分がなくなった乾燥菓子。卵白はタンパク質が多いため、泡が細かい状態のまま弾けずに表面張力を保ったまま焼き上げることができる。ちなみにきれいなメレンゲを作るためには油分は大敵。それは泡立った卵白の表面の膜を油分が壊すため。水分がある時と、水分がなくなった時の状態、2つを比べてみるだけでもたくさんの違いがあることに気づくかな?

作りたて ▶ オーブンで焼いたあと

lollipop!

ラッピングして友達にプレゼント！

04

メレンゲを絞ってスティックに固定したら、
こんな可愛いお菓子に大変身!

メレンゲポップス!

材料 (10本分)

卵白……………………………2個分
グラニュー糖 ………………100g
塩…………………………………ひとつまみ
フランボワーズパウダー …5g

作り方

1 メレンゲ (P28) の作り方と同様にメレンゲを作り、2等分する。半量は別のボウルに入れ、フランボワーズパウダーを加えてゴムべらで混ぜ合わせる。

2 天板にクッキングシートを敷き、スティックを並べる。スティックの先にメレンゲを少量つけておくと、スティックが転がらない。

3 1のメレンゲをそれぞれ絞り袋に入れ、先端をハサミで切り落とす。丸口金をつけた絞り袋の中に、2つ一緒にセットする。

4 スティックの先に内側から外側に向かって円を描くように絞り出す。

5 100℃に予熱したオーブンで約1時間30分焼き、庫内に30分入れたままにして粗熱を取る。

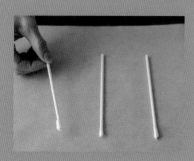

先に少しメレンゲを
つけておくのがポイント

メレンゲが上手に作れるようになったら、
マカロンにチャレンジ。お気に入りの空き箱に入れて。

ルビーマカロン

材料（約10個分）

【マカロン生地】
卵白·······················1個分
グラニュー糖 ·············30g
塩·····················ひとつまみ
アーモンドパウダー ······35g
粉砂糖·····················40g
食用色素（赤）···········少量

【ガナッシュ】
ルビーチョコレート ······100g
生クリーム ·················70ml

下準備

アーモンドパウダーと粉砂糖は合わせてふるう。
丸口金をつけた絞り袋を2つ用意する。

作り方

1. メレンゲ（P28）の作り方と同様にメレンゲを作り、アーモンドパウダー、粉砂糖、食用色素を加えてよく混ぜる。

2. 1を光沢がでるまでマカロナージュ※する。
   ※カードをボウルの側面に押しつけるようにし、気泡を潰しながら混ぜる。様子を見ながら40〜50回混ぜ、生地がつながりながらとろりと落ちていくようになったらOK。やりすぎてサラサラにならないように注意して。

3. 2を絞り袋に入れてクッキングシートを敷いた天板に絞り出し、室内で30〜60分乾燥させる。

4. 触ってもくっつかない程度に乾燥したら、160℃に予熱したオーブンで5分焼く。1度庫内を開けて130℃に温度を下げて10分焼く。

5. ガナッシュを作る。ボウルにルビーチョコレートを入れ、小鍋で温めた生クリームを加えて混ぜ合わせる。

6. マカロンが完全に冷めたら丸口金をつけた絞り袋にガナッシュを入れ、マカロン2個を1組にし、平らな面に絞り出したガナッシュをはさむ。

Point

🔺 つるっとした質感は気泡の膜

マカロン特有のつるっとした質感のヒミツは「マカロナージュ」という技法にある。生地とメレンゲの泡を潰しながら混ぜ合わせて滑らかにすることで気泡が均一になり、乾燥させると表面に膜ができて光沢が生まれる。

抹茶のマカロン

苦味と甘さのコントラストが楽しい

材料（約10個分）

【マカロン生地】

卵白	1個分
グラニュー糖	30g
塩	ひとつまみ
アーモンドパウダー	35g
粉砂糖	35g
抹茶	5g

【ホワイトチョコレートクリーム】

ホワイトチョコレート	120g
無塩バター	100g
粉砂糖	130g
スプリンクル	10g

作り方

1. メレンゲ（P28）の作り方と同様にメレンゲを作り、ふるったアーモンドパウダー、粉砂糖、抹茶を加えてよく混ぜ合わせる。

2. ルビーマカロン（P36）の作り方2〜4と同様にマカロンを作る。

3. ホワイトチョコレートクリームを作る。常温にもどしたバターに湯せんで溶かしたホワイトチョコレートと粉砂糖を加え、混ぜ合わせる。

4. マカロンが完全に冷めたら、星口金をつけた絞り袋に3のクリームを入れ、マカロン2個を1組にし、平らな面に螺旋を描くように絞り出したクリームをはさむ。

5. クリームのまわりにスプリンクルをまぶす。

ベリーとピーチのマカロンケーキ

フルーツとマスカルポーネの組み合わせがベストマッチ！

材料（約4個分）

【マカロン生地】

卵白・・・・・・・・・・・・・・・・・・・	1個分
グラニュー糖 ・・・・・・・・・・	30g
塩・・・・・・・・・・・・・・・・・・・・	ひとつまみ
アーモンドパウダー ・・・・・・	35g
粉砂糖・・・・・・・・・・・・・・・・・	35g
ストロベリーパウダー ・・・	3g
食用色素（紫）・・・・・・・・・・	少量

【マスカルポーネクリーム】

生クリーム ・・・・・・・・・・・・	100ml
グラニュー糖 ・・・・・・・・・・	10g
マスカルポーネチーズ・・・	50g
ブラックベリー ・・・・・・・	24個
桃・・・・・・・・・・・・・・・・・・・・	1個

作り方

1. メレンゲ（P28）の作り方と同様にメレンゲを作り、ふるったアーモンドパウダー、粉砂糖、ストロベリーパウダー、食用色素を加えて全体を混ぜ合わせる。

2. ルビーマカロン（P36）の作り方2〜4と同様にして、直径5cmになるよう少し大きめにマカロンを作る。

3. マスカルポーネクリームを作る。ボウルに生クリームとグラニュー糖を加えて泡立て、6分立てになったらマスカルポーネチーズを加えてさらに泡立てる。

4. マカロン1枚の平らな面にクリームを薄く塗る。中央に食べやすい大きさにカットした桃、その周りにブラックベリーをおき、さらにクリームを重ねる。

5. 4にマカロン1枚を重ね、トップの中央にクリームを少しのせ、その上にブラックベリーを添える。

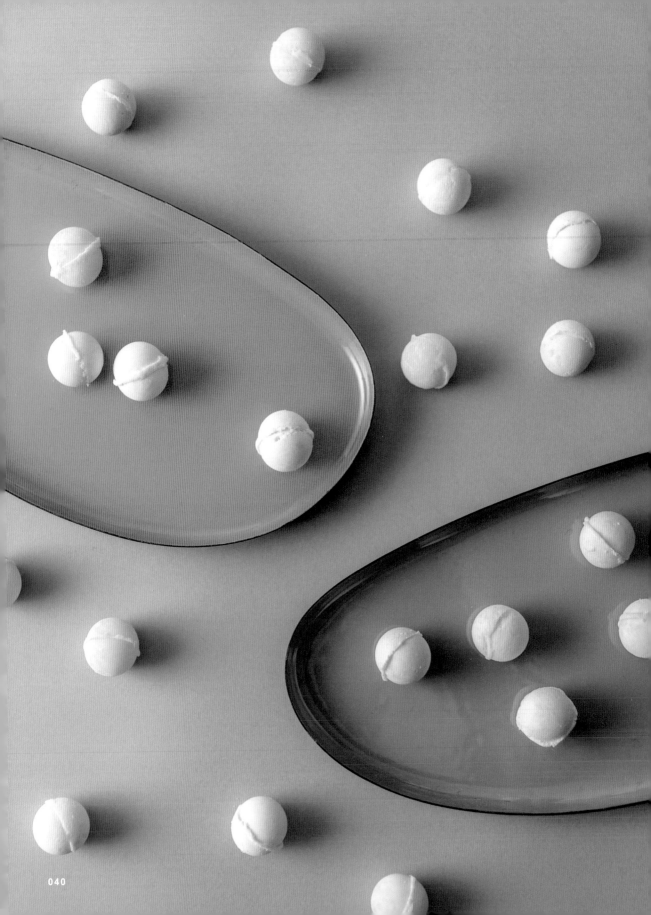

06

口の中でシュワシュワするラムネは
一体何から作っている?

色んな味のラムネ

材料（10個分）

粉砂糖‥‥‥‥‥‥‥‥‥‥‥‥‥ 50g
コーンスターチ ‥‥‥‥‥‥‥‥ 10g
クエン酸‥‥‥‥‥‥‥‥‥‥‥ 小さじ1/2
重曹‥‥‥‥‥‥‥‥‥‥‥‥‥ 小さじ1/2
かき氷シロップ ‥‥‥‥‥‥‥‥ 小さじ1
（いちご、メロン、レモン、ブルーハワイなどお好みで）

作り方

1 ボウルに粉砂糖とコーンスターチを入れて混ぜる。

2 よく混ざったらクエン酸と重曹、かき氷シロップを加えて混ぜる。

3 好みの型で型押しして成形したら平らなところに並べ、約半日、乾燥させたら完成。

Point

発泡するのはなぜ?

ラムネは空気に触れて乾燥することでできるお菓子。フワフワ、シュワシュワという食感の秘密はレモンなど柑橘類に入っている酸味と同じクエン酸。炭酸水にラムネをいれると吹き出すのは重曹が二酸化炭素を発生させるから。この写真は同じ原理で重曹に酢を加えたところ。一気に泡立つ。

07

自宅でも簡単に作れるナン。
イースト菌が発酵して膨らむ様子を観察してみて。

ナンでムンク

「もっと知りたいムンク」
（東京美術）有名な絵
画からインスピレーショ
ンを受けて作ってみるの
も面白いね

材料（4個分）

強力粉················· 100g
薄力粉················· 100g
ドライイースト ····· 5g
塩 ····················· 3g
砂糖·················· 5g
無塩バター ·········· 10g

作り方

1. バターはサイコロ状に小さく切る。

2. ボウルに塩とイーストは離して、全ての材料を入れ、バターをすりつぶしながら、サラサラの状態にする。

3. ぬるま湯120mlを加えて生地がまとまるまで手でしっかりこねながら、ひとまとめにする。

4. しっかりとこねて表面に光沢がでてきたら、60℃の湯せんにかけ、濡れ布をかぶせて約25分発酵させる。

5. 発酵した生地を4等分して丸く整え、濡れ布をかぶせて10分休ませる。

6. めん棒を使って生地を伸ばし、3つ穴を開けたら強火に熱したフライパンで両面をこんがり焼く。

Point

発酵で生まれたガスが生地を膨らませる

4から5の工程で、イースト菌が膨らむ。イーストはもともと自然界にいた菌。砂糖が菌のエサとなり発酵を進め、また温かい方が菌がさらに活発に働く。発酵することで炭酸ガスを出し、それが生地に入って膨らむ。生地を寝かせる時間でどれだけ大きくなるか、また、焼くとぷっくり膨らむ様子も観察してみよう。

発酵前

発酵後

＋ 温度で実験

温度をもっと低くして発酵させる場合は、もっと長い時間寝かせなければならない。いろんな条件で試してみて自分だけのベストな温度と発酵時間を見つけてみるのも面白い。

08

ナンと同じくドライイーストを使った発酵の生地を、
高温で揚げてみたらどうなる？

膨んだら詰めてみよう、ベルリーナ

材料（10個分）

強力粉	200g
薄力粉	65g
無塩バター	30g
グラニュー糖	30g
ドライイースト	6g
塩	小さじ1
卵	1個
水	100ml
フランボワーズジャム	50g
（P98参照）	
粉砂糖	適量
揚げ油	適量

作り方

1. バターはサイコロ状に小さく切る。フランボワーズジャムは口金をつけた絞り袋に入れておく。

2. ボウルに強力粉と薄力粉、グラニュー糖、バターを入れ、塩とドライイーストは一緒にならないように向かい端にそれぞれ入れる。

3. 溶いた卵を入れて手で混ぜ、様子を見ながら、水100mlを少しずつ入れ、ひとまとめにする。

4. バターを潰しながらしっかりとこねて表面に光沢がでてきたら、30℃の湯せんにかけ、濡れ布をかぶせて約25分発酵させる。

5. 発酵した4を10等分して丸く整え、上に何もかけずに10分生地を休ませる。

6. 5を油で揚げ、熱いうちに菜ばしで穴を開ける。

7. 粗熱が取れたら、6の穴からフランボワーズジャムを絞り入れ、粉砂糖で仕上げる。

Point

膨張して
空洞ができる

ふわふわに発酵した生地が
ふわふわのまま揚がる。そん
な揚げたてのパン生地に、フ
ランボワーズジャムを詰める
ベルリーナ。結構ジャムが入
るからびっくりするはず。

←イースト菌

塩（岩塩）→

09

マシュマロのあの不思議な食感。
色んな味を家でも作ってみよう。

みんな大好き！マシュマロ

材料（20個）

水····························· 50ml
板ゼラチン ················· 6g
グラニュー糖 ·············· 60g
卵白·························· 1個分
塩···························· ひとつまみ
ローズオイル ··············· 3滴
フランボワーズ ··········· 30g

下準備

板ゼラチンは水に入れてふやかしておく。
バットにクッキングシートを敷いておく。

作り方

1. 小鍋に水とグラニュー糖40gを入れて火にかけ、グラニュー糖が溶けたら火からおろし、水気を切った板ゼラチンを入れて溶かす。

2. メレンゲを作る。ボウルに卵白と塩を入れてよく混ぜ、全体が白っぽくなってきたらグラニュー糖20gを3回に分けて加え、角がしっかりと立つまで泡立てる。（メレンゲの作り方P28参照）

3. 2に1を少しずつ加えながら泡立て、ローズオイルを入れて軽く混ぜる。

4. 別のボウルに3でできあがった分量の1/3ほど取り分け、フォークでつぶしたフランボワーズを加えて混ぜる。

5. バットに3を流し、その上に4を加えて爪楊枝を使ってマーブル模様にする。冷蔵庫で1時間冷やして完成。

プレーン味の作り方

上記の作り方の4を省くとプレーン味になる。

抹茶味、ココア味の作り方

どちらもフワンボワーズの作り方と同様。
抹茶味は「フワンボワーズ」を「抹茶5g」に、ココア味は
「フワンボワーズ」を「ココア5g」に変えて作れる。

Point

弹力のヒミツは?

ふわふわ食感のマシュマロの弾力はメレンゲのおかげ。焼かないのに形がキープできるのは板ゼラチンのおかげ。板ゼラチンを入れた後は泡だて過ぎるとゼラチンが固まってボソボソに。とろりと落ちて筋が残るくらいがベター。状態をしっかりと観察して、雲みたいなマシュマロを作ろう!

10

好きなお菓子を全部1つに
まとめてくっつけてみよう！

全部くっついた！
マシュマロバーク

材料（16cm×19cmバット1杯分）

無塩バター ························· 20g
マシュマロ ························· 100g
（マシュマロの作り方はP46参照）
ホワイトチョコレート ··············· 100g
市販のチョコチップクッキー ······ 60g

作り方

1. フライパンを弱火で熱し、温まったらバターとマシュマロを入れる。溶けたら、火を止める。

2. ボウルに市販のチョコチップクッキーとホワイトチョコレートを割り入れ、1を加えてざっくりと混ぜ合わせる。

3. バットに広げ、冷蔵庫で約40分冷やす。固まったら、好みの形に切る。

Point

🧪 接着力をいかすと面白い！

マシュマロは、卵白やゼラチンでできているため温めることで粘着性を増し、冷やすことで固まる性質を持つ。チョコやクッキーの他にも、ポップコーンやチョコマーブル、グラノーラなど混ぜてくっつけてアレンジしてみて。

Point

🧪 **20秒温めると膨張する!**

マシュマロを温めると膨張する。けれど形がなかなか崩れないから面白い。それはマシュマロの原材料にあるメレンゲ（卵白）の形をキープしようとする力が働くから。電子レンジに20秒入れて、溶けそうで溶けない状態のマシュマロを見てみて。

通常　　　レンジ

溶けそうで溶けない!マシュマロスモアクッキーサンド

電子レンジの中でマシュマロがどんなふうに変化するか知ってる?

材料（8個分）

【ビスケット】

無塩バター …………	75g
てんさい糖 ………	80g
薄力粉……………	200g
卵黄……………	1個分
チョコチップ ………	20g
マシュマロ …………	80g
板チョコレート ……	1枚

作り方

1. ビスケットを作る。ボウルに常温にもどしたバターとてんさい糖を入れてよく混ぜ、そこへふるった薄力粉を加えてよく混ぜる。

2. 卵黄とチョコチップを加えてひとまとめにする。まとまらない時は、水大さじ1程度を足す。

3. 生地をめん棒で伸ばし、16枚分型抜きをする。クッキングシートを敷いた天板に並べ、180℃に予熱したオーブンで18分焼く。

4. 粗熱が取れたら、半分のビスケットの上に板チョコレートを割ってのせ、その上にマシュマロをのせる。

5. 電子レンジ600Wに約20秒かけ、残りのビスケットを重ねて軽く押してサンドする。

簡単！マシュマロプリン

市販のマシュマロがあれば、リメイクスイーツはすぐ作れる！

材料（プリンカップ4個分）

牛乳‥‥‥‥‥‥‥‥‥‥‥ 200ml
マシュマロ ‥‥‥‥‥‥‥ 80g
カラフルマシュマロ ‥‥‥ 20g

作り方

1. カラフルマシュマロ10gはキッチンバサミで切り、グラスに貼り付けておく。

2. 小鍋に牛乳とマシュマロを入れて火にかける。

3. 吹きこぼれないように気をつけながらゴムべらで混ぜ、マシュマロが溶けたら火からおろし、残りのカラフルマシュマロと一緒にカップに流し入れる。

4. 冷蔵庫で1時間冷やす。

Point

🧪 何でもくっつけてみよう

マシュマロを切った断面には、粘着性がある。普段、マシュマロが手にくっつかないのは、コーンスターチが周りについているから。断面をグラスに貼り付けて、色んな模様を作ってみるのも楽しい。

11

電子レンジを使えば、
カップケーキがすぐにできる！

電子レンジってすごい！
マグケーキ

オレンジマグケーキ

材料（マグ2個分）

A	薄力粉 ………………	80g※
	グラニュー糖 ………	50g※
	ベーキングパウダー …	小さじ1※
	※は、まとめてホットケーキミックス100gに代用してもOK	
	ヨーグルト ……………	50g
	サラダ油 ……………	50g
	卵 …………………	1個
オレンジ ……………………		1/2個分

作り方

1. ボウルに卵をとき、ヨーグルトとサラダ油を加えて泡立て器で混ぜる。

2. 1にふるった薄力粉とグラニュー糖、ベーキングパウダーを加えて粉っぽさがなくなるまで混ぜたら、オレンジの皮適量をすりおろして加え全体を混ぜ合わせる。

3. マグの半量を目安に、生地を流し入れ、薄くスライスしたオレンジをのせる。

4. ラップをふんわりかけて電子レンジ600Wで約4分。

- -

Memo 電子レンジの代わりに、オーブンで焼く場合は、180℃に予熱したオーブンで約30分焼く。

Point

膨らむのは「シャルルの法則」

電子レンジに入れたものが温まるのはマイクロ波という電気と磁気の波を出し、水分を激しく揺すっているから。「シャルルの法則」では、気体の温度が上がるごとに体積が増える。またベーキングパウダーを生地に混ぜることで化学反応を起こして水や二酸化炭素などを発生させるためさらに膨らむというわけ。他にも生地が膨らむ理由はいろいろ。パンやナンなどはイースト菌などの発酵で膨らむ。シュー生地やパイ生地などは生地の中にある水分が熱されて水蒸気になることで風船のように膨らむなど、膨らむのって面白い。

さつまいもマグケーキ

材料（マグ2個分）

薄力粉	75g	ヨーグルト	50g
グラニュー糖	50g	サラダ油	50g
ベーキングパウダー	小さじ1	卵	1個
パンプキンパウダー	15g	さつまいも	50g

作り方

1. さつまいもはサイコロ状に切り、電子レンジ600Wに約2分かけふかしておく。薄力粉、パンプキンパウダーはふるっておく。

2. ボウルに卵をとき、ヨーグルトとサラダ油を加えて泡立て器で混ぜる。

3. 2に薄力粉とグラニュー糖、ベーキングパウダー、パンプキンパウダーを加えて粉っぽさがなくなるまで混ぜたら、さつまいもを2/3程度加えて全体を混ぜ合わせる。

4. マグの半量を目安に生地を流し入れ、残りのさつまいもをのせる。

5. ラップをふんわりかけて電子レンジ600Wで約4分。

デコレーションマグケーキ

材料（マグ2個分）

オレンジマグケーキ	カラースプリンクル… 20g
のAと同じ材料	生クリーム 100ml
	グラニュー糖 10g

作り方

1. ボウルに卵をとき、ヨーグルトとサラダ油を加えて泡立て器で混ぜる。

2. 1にふるっておいた薄力粉とグラニュー糖、ベーキングパウダーを加えて粉っぽさがなくなるまで混ぜたら、カラースプリンクルを加えて全体を混ぜ合わせる。

3. マグの半量を目安に、生地を流し入れる。

4. ラップをふんわりかけて電子レンジ600Wで約4分。

5. 粗熱が取れたらホイップクリーム（P9参照）を絞り、分量外のカラースプリンクルを飾る。

ココアマグケーキ

材料（マグ2個分）

薄力粉	70g	サラダ油	50g
グラニュー糖	50g	卵	1個
ベーキングパウダー	小さじ1	マシュマロ	適量
ココアパウダー	10g	チョコレート	適量
ヨーグルト	50g	ビスケット	適量

作り方

1. ボウルに卵をとき、ヨーグルトとサラダ油を加えて泡立て器で混ぜる。

2. 1にふるっておいた薄力粉、グラニュー糖、ベーキングパウダー、ココアパウダーを加えて粉っぽさがなくなるまで混ぜる。

3. マグの半量を目安に生地を流し入れる。

4. ラップをふんわりかけて電子レンジ600Wで約4分。

5. 粗熱が取れたら上にマシュマロとチョコレート、ビスケットで飾りつけしてみよう。

基本のスポンジケーキ

材料 (直径15cmケーキ型1台分)

卵 ……………………… 2個
グラニュー糖 …………… 55g
薄力粉 ………………… 35g
コーンスターチ ………… 15g
無塩バター …………… 20g

下準備 型の底と側面にそれぞれクッキングシートを敷く。
薄力粉とコーンスターチは合わせてふるう。バターは湯せん (50℃程度) でゆっくり溶かす。

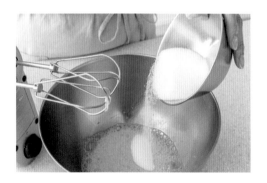

1 ボウルに卵を割り入れてハンドミキサーで溶きほぐし、コシをきったらグラニュー糖を加えて軽く混ぜる。

2 ボウルを湯せん (80℃) にかけて泡だてながら、指を入れてぬるいと感じるくらい (卵が一番ふくらみやすい温度) に温める。

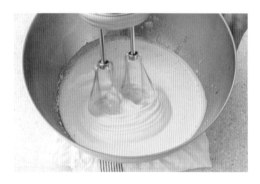

3 湯せんからはずし、さらにハンドミキサーで泡立てる。

4 色が白くなり、きめ細かくもったりとするまで泡立てるのがポイント。生地をすくい上げるとリボン状に落ちた生地が表面に留まるくらい。

Point

卵が膨らみやすいのは37℃前後

ケーキが膨らむのは不思議なこと。基本のスポンジケーキをマスターしてみよう。ケーキを膨らませるのには色んなやり方があるけれど、ここでは空気を含ませて膨らませるやり方。卵にたくさんの空気を含ませるためには、卵が一番膨らみやすい温度にもっていくことが大切。卵が温まって膨らもうとする力（熱膨張）を使いながら、気泡を大きく安定させていく。温度は37℃前後で人の体温と同じくらい。お風呂の温度は40℃くらい。生地を指の先で触れて、熱くも冷たくもない温度になったら人肌温度の証拠。

⑤ 薄力粉とコーンスターチを加え、粉っぽさがなくなるまでさっくりと混ぜる。卵の泡をつぶさないように、片手でボウルを回しながら、ゴムべらで底から上下を返すようにして混ぜ合わせる。

⑥ 溶かしバターを入れ、バターの筋がなくなり、生地にツヤが出るまでまんべんなく混ぜる。生地の気泡がつぶれないように、バターはゴムべらを伝わせるようにして加える。

⑦ 型に生地を流し入れ、170℃に予熱したオーブンで25〜30分焼く。

⑧ 焼き上がったら台に一度10〜20cmくらいの高さから型に入れたまま落として蒸気を抜き、焼き縮みを防ぐ。型からはずしてケーキクーラーの上で冷ます。

Température et poids
温度や重さの
違いを利用する

例えば温かいものと、冷たいもの。

軽いものと、重たいもの。

油と、水。

こんなふうに性質がまったく異なるものを
2つに合わせられるのがお菓子レシピの不思議。

普段は何気なく食べているお菓子も、
一度そんな不思議に気づくと「何故かな?」が気になります。

01

まるでカクテルのような層ドリンク。どうして色がきれいに分かれているの?

質量の違いが分かる不思議な層ドリンク

質量の層ドリンク①

トロピカル・ブルーハワイ

材料 (1人分)

かき氷シロップ (ブルーハワイ) … 10ml
水……………………………… 50ml
パイナップルジュース………… 30ml
マンゴジュース ……………… 50ml
（または、マンゴ1個と牛乳25mlを
ミキサーにかけマンゴジュースにする）
氷…………………………… 60g程度
ミント ………………………… 適量

作り方

1 かき氷シロップ (ブルーハワイ) と水を混ぜ合わせる。

2 マンゴジュースをグラスに注ぎ、多めに氷を入れる。

3 氷をめがけ、そっとパイナップルジュースを注ぎ入れ、1を注いでミントを飾る。

質量の層ドリンク②

クリームメロンソーダ

材料 (1人分)

かき氷シロップ（メロン） … 20ml
炭酸水…………………………… 100ml
氷……………………………… 60g程度
アイスクリーム ………… 1スクープ
チェリー ……………………… お好みで

作り方

1 かき氷シロップ（メロン）をグラスに注ぎ、多めに氷を入れる。

2 氷をめがけ、そっと炭酸水を注ぎ入れ、アイスを盛り、お好みでチェリーを飾る。

いちごソーダ

材料 (1人分)

かき氷シロップ（いちご）… 20ml
炭酸水……………………… 100ml
氷……………………………… 60g程度
レモン（薄く切ったもの）… 2枚

作り方

1 かき氷シロップ（いちご）をグラスに注ぎ、多めに氷を入れる。

2 氷をめがけ、そっと炭酸水を注ぎ入れ、レモンを添える。

和三盆のオレンジアイスティ

材料 (1人分)

和三盆シロップ ……… 75ml
（水 50ml、和三盆 25g）
オレンジジュース …… 50ml
アイスティー ………… 50ml
氷……………………… 60g程度

作り方

1 小鍋に水と和三盆を入れて火にかけ、和三盆を溶かしてシロップにする。

2 グラスに1を注ぎ、多めに氷を入れる。

3 氷をめがけて、そっとオレンジジュース、次にアイスティーを注ぎ入れる。

レインボーポンチ

材料（2人分）
【レインボーゼリー】
かき氷シロップ …………… 各50ml
（ブルーハワイ、いちご、レモン）
板ゼラチン …………… 9g

【ポンチ】
水………………………… 200ml
グラニュー糖 …………… 120g
オレンジの皮 …………… 2〜3枚

作り方
[1] 3色のかき氷シロップをそれぞれ小鍋で温め、分量外の水でふやかしたゼラチンを各3gずつ加えて溶かす。

[2] 6色のシロップにする。青色のブルーハワイ、赤色のいちご、黄色のレモンはそのまま、ブルーハワイといちごを少量混ぜて紫色を作る。いちごとレモンを少量混ぜてオレンジ色を作る。ブルーハワイとレモンを少量混ぜて緑色を作る。

[3] 製氷皿に流し入れ、冷蔵庫で1時間冷やす。

[4] ポンチを作る。小鍋に水とグラニュー糖、オレンジの皮を入れ、火にかけグラニュー糖が溶けたら火を止める。

[5] オレンジの皮を取り除き、粗熱が取れたら冷蔵庫で冷やす。

[6] 5をグラスに注ぎ、3のゼリーを入れる。

Point

🧪 重さの違いのヒミツ

色の重なりを楽しむのも面白いもの。レインボーポンチは透明のポンチの中で、6色のゼリーが浮かんで動き回る。ちなみにゼリーをポンチじゃなくミネラルウォーターに放つと…沈む。水の密度は1g/cm³。砂糖や塩分が加わった水溶液は浮力が変わる。プールよりも海の方が体が浮くのと同じ原理。身近な飲み物で試してみて。

ミネラルウォーター　　ポンチ

色の3原色、赤・青・黄があれば他の色がたくさん作れる！

赤 ＋ 青 ＝ 紫　分量を変えると… 青紫 赤紫

赤 ＋ 黄 ＝ オレンジ ⟶ 朱 やまぶき

青 ＋ 黄 ＝ 緑 ⟶ 青緑 黄緑

赤 ＋ 青 ＋ 黄 ＝ ？ どうなるか試してみて

02

通常の室内の温度では溶けない、
外はシャリシャリ、中はふわふわっとした
新食感を楽しめる不思議なアイス。

溶けないアイス

材料 (アイスポップ型6本分)

牛乳························· 400ml
粉寒天······················ 4g
砂糖························· 30g
好みのカットフルーツ ··· 適量

作り方

1. アイスポップ型にカットフルーツ適量を入れる。

2. 小鍋に牛乳、粉寒天、砂糖を入れて中火にかける。

3. 沸騰したら弱火にして2〜3分温め、ゆっくり混ぜながらとろみがついたら火から下ろす。

4. アイスポップ型に流し入れ、アイス棒をさし、冷凍庫で4時間冷やして固める。

Point

🧪 融点の違いとは？

よくアイスのパッケージには「要冷蔵－18℃以下で保存」と書かれているように、気温20℃や、体温36℃ではすぐに溶けてしまう。でも寒天が溶ける温度は70℃。寒天の特質を生かしたことで、室温では溶けないアイスが完成。写真は常温で1時間後の状態。

➕ 炭酸ジュースで作ると…

炭酸のシュワシュワの正体は二酸化炭素。炭酸ジュースを凍らせると二酸化炭素が気化して1.5倍に膨らんで凍る。左は炭酸なし、右は炭酸入り。

材料（アイスポップ型6本分）

オレンジジュース … 400ml
粉寒天……………… 4g
砂糖………………… 30g
オレンジ …………… 1/2 個分

作り方

1. オレンジを薄くスライスし、アイスポップ型のふちにそっと貼り付けておく。

2. 小鍋にオレンジジュース、砂糖、粉寒天を入れて中火にかけ、吹きこぼれないようにときどき混ぜる。

3. 沸騰したら弱火にして1〜2分温める。

4. アイスポップ型に流し入れ、アイス棒をさし、冷凍庫で4時間冷やし固める。

03

クリームたっぷりのおいしいアイスクリーム。
特別な道具がなくても、科学の力を使えばおいしく作れる！

昔のバニラアイスクリーム

材料（8人分）

卵黄……………………… 2個分
グラニュー糖 …………… 30g
生クリーム ……………… 200ml
バニラビーンズ ………… 1/2本
（または、バニラオイル 3滴）

作り方

1. 生クリームはバニラビーンズを加えて6分立て（P9参照）に泡立てる。

2. ボウルに卵黄とグラニュー糖を入れ、白っぽくなるまで泡立てる。

3. 大きなボウルに分量外の氷200gと塩60g（氷に対して約30％の塩）を入れる。

4. 2に1を加え、3の上でさらに泡立てる。

5. アイスクリームになったら容器に移して冷凍庫で保存する。

Point

🧪 氷点温度の違いを利用して作る

氷に塩を加えると最大で-21.3℃に。すると同時に水が凍る温度（氷点温度）も-21.3℃まで下がる。冬に雪が積もると道路に塩をまくのはこのため。塩をまくことで、水が凍る温度が下がるから路面が凍りにくくなる。この氷と塩の氷点降下作用を利用すれば、とても低い温度で、アイスクリームを柔らかくておいしい状態に仕上げることができる。

➕ 凍ると… くっつく！

薄くスライスしたバナナやいちごを重ねて並べて冷凍庫で凍らせてみると…くっつく。アイスクリームの上にのせたりして食べたりしてみよう。

チョコレートアイスクリーム

自分で作るアイスクリームには好きなものを入れてアレンジを楽しもう。

材料（8人分）

卵黄…………………2個分	
グラニュー糖 ……30g	
生クリーム ………200ml	
チョコレート ……60g	
バナナ …………… 1本	
オレオ ………… 3枚	
カラーマシュマロ… 10g	

下準備 チョコレートは小さく刻む（タブレットタイプならそのまま使う）。
生クリーム100mlは6分立てに泡立てる。（P9参照）
オレオは手で小さく割る。

作り方

1 小鍋に生クリーム100mlを入れて火にかけ、チョコレートを入れたボウルに注いで混ぜ合わせる。粗熱が取れたら、6分立てにした生クリームを合わせておく。

2 ボウルに卵黄とグラニュー糖を入れ、白っぽくなるまで泡立てる。

3 大きなボウルに分量外の氷200gと塩60g（氷に対して約30％の塩）を入れる。

4 2に1を加え、3の上でさらに泡立てる。

5 アイスクリームになったら、小さく切ったバナナ、オレオ、マシュマロを入れてさっくりと混ぜ合わせ、容器に移して冷凍庫で保存する。

ヨーグルトアイス

もっと手軽で簡単にアイスを作りたい場合は製氷皿を使ったこんなアイスはいかが?

材料 (製氷皿15個分)

ギリシャヨーグルト… 200g
はちみつ …………… 20g
いちごジャム ……… 20g
キウイ、フランボワーズ、
ブルーベリー ……… 各30g

作り方

1. ギリシャヨーグルトにはちみつを加えて、滑らかになるまでよく混ぜる。

2. 1を製氷皿に分け入れ、スプーンを使っていちごジャムを少量ずつ加える。つまようじを使って軽くかき混ぜ、マーブル模様にする。

3. 2の上に、食べやすい大きさに切ったフルーツを盛り冷凍庫で40分冷やし固める。

04

中から、一体何が出てくるかが楽しみ。
どうやってこの仕掛けを作る?

発掘! 化石チョコレート

材料 (15cm×18cmバット1枚分)

ホワイトチョコレート ……… 100g
ブラウンシュガー ………… 250g

作り方

1. バットに、ブラウンシュガーを広げ、水を入れた霧吹きを使って湿らせながら固める。

2. ブラウンシュガーの上から、恐竜のフィギュアや貝殻を押し込んで足跡や貝殻などの型を作る。

3. ホワイトチョコレートを湯せんにかけ、45℃まで温める。

4. 湯せんから下ろして混ぜながら30℃程度に温度を下げた3を、スプーンを使って2にそっと流し込み、冷蔵庫で40分冷やし固める。

5. 地層からダイナソーを発掘するみたいに、ハケを使って、何のチョコレートが隠れているかそっと取り出して楽しんで食べて!

Point

🧪 固まった砂糖をくずすには?

ブラウンシュガーは水分を含むと固まるため、型を作ることができる。そこに液体のチョコレートを流して入れると化石のようになる。固まった砂糖がカチカチになってしまった場合は、水を一滴たらすと、ゆるんでくずれる!

05

器ごとパリパリと食べられる！
小さな風船を使って、作ってみよう。

食べられるチョコレートのお皿

材料（4個分）

ミルクチョコレート　……200g
水風船………………… 4個

下準備　水風船を膨らませておく。

作り方　1　ボウルにミルクチョコレートを入れて湯せんにかけ、
　　　　　　　50℃まで温める。

　　　　　2　湯せんから下ろし、混ぜながら30℃程度に温度を下げ
　　　　　　　たら、クッキングシートの上にスプーンを使って4箇所
　　　　　　　に落とす。

　　　　　3　水に濡らした水風船の1/3程度をチョコレートにくぐら
　　　　　　　せ、2のチョコレートの上にそっと置く。

　　　　　4　冷蔵庫に入れて2時間冷やし固める。楊枝で風船を
　　　　　　　割ったらお皿のでき上がり。

Point

🧪 テンパリングの温度の違い

「テンパリング」とはチョコレートのカカオバターを分解し、細
かい粒子にして融点を同じにするための温度調整のこと。チョコ
レートには大きく4つの種類がある。ミルクチョコレートには乳
脂肪が入っていて、ホワイトチョコレートにはカカオは入っていな
い。ルビーチョコレートは、独特のルビー色とフルーツの甘みを
持つルビーカカオ豆から作られるもの。テンパリングの温度もそ
れぞれ少しずつ異なる。その法則を知っていれば上手くできる。

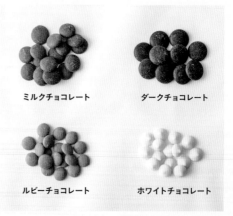

ミルクチョコレート　　ダークチョコレート

ルビーチョコレート　　ホワイトチョコレート

ダークチョコレート：55℃まで温め、31℃で作業する。
ミルクチョコレート：50℃まで温め、30℃で作業する。
ホワイトチョコレート：45℃まで温め、29℃で作業する。
ルビーチョコレート：43℃まで温め、30℃で作業する。

早く割りたい!

違いを知る実験

06

イースターの季節に。何が入っているかはお楽しみ。
でも、どうやって中に入れる？

中に何が入ってる？
イースターのエッグチョコ

Easter egg!

材料（1個分）

ミルクチョコレート　…　200g
ホワイトチョコレート…　200g
好きなお菓子　…………　適宜

作り方

1 ボウルにミルクチョコレートを入れて湯せんにかけ、50℃まで温める。

2 湯せんから下ろし、混ぜながら30℃程度に温度を下げたら型に流し入れ、全体に広げる。

3 2を冷蔵庫に入れて1時間冷やし固める。

4 ホワイトチョコレートを湯せんにかけ、45℃まで温める。

5 29℃程度に温度を下げた4を、3のミルクチョコレートの上に流し入れ、冷蔵庫に入れて1時間冷やし固める。

6 5をそっと型から外し、片方にお菓子を詰める。

7 熱湯にステンレス製スプーンを入れ、温めたら水分をふきとったスプーンの背を使ってチョコのフチをなぞり、もう片方のチョコをくっつける。隙間がある時は、熱湯にくぐらせたスプーンの背で隙間を埋めるようにする。

Point

溶かして、接着できる

温度調整をすることで、溶けたり固まったりするチョコレート。だから特に他の材料を使わなくても、ただ溶かして、しばらく待つだけでくっつけることができる。溶けている時に表面に飾りをつけたり、文字やデコレーションを作ることもできる。クッキングシートの上で試してみよう。

✚ イースターの卵づくりもチャレンジ！

卵の上下に楊枝で穴を開けて片方から息を吹き入れて中身を出したら、模様をつけてみよう。写真は使わなくなった絹のネクタイでピッタリ包んで、酢を入れたお湯でゆでたもの。模様がプリントされる！

長い4種のチョコスティック

こんな長いポッキーをグラスに差して出したら、お客さんも驚きそう!

材料（20本分）

グリッシーニ ……………… 20本
ミルクチョコレート …… 100g
ホワイトチョコレート…… 100g
ダークチョコレート …… 100g
ルビーチョコレート …… 100g
スプリンクル ………… 20g
ドライいちご …………… 20g
ピスタチオ …………… 20g
キャラメルクランチ …… 20g

作り方

1. ボウルにミルクチョコレートを入れて湯せんにかけ、50℃まで温める。

2. 湯せんから下ろし、混ぜながら30℃程度に温度を下げたら、グリッシーニをくぐらせクッキングシートに並べる。

3. スプリンクルでトッピングし、冷蔵庫で1時間冷やし固める。

4. 同様に、ホワイトチョコレート・ダークチョコレート・ルビーチョコレートをテンパリング温度に沿って作業をし、ドライいちごやピスタチオ、キャラメルクランチをトッピングして冷やす。

ラッピングペーパーでくるくるっと巻いてキャンディ包みすれば、おすそわけにも使える!

細長いプレッツェルやフィンガービスケットなどでも作れる。好きなトッピングにチャレンジしてみて。

チョコスプーン

そのまま食べても、ホットココアやホットミルクに入れて溶かして飲んでもおいしい！
メッセージを書いたり、リボンを飾れば友チョコに。

材料（カヌレ型小約10個分）

ミルクチョコレート　……200g
チョコレートチップ　……20g
チョコレートクランチ……20g
ドライフランボワーズ　… 適量

作り方

1. ボウルにミルクチョコレートを入れて湯せんにかけ、50℃まで温める。

2. 湯せんから下ろし、混ぜながら30℃程度に温度を下げたら、カヌレ型に注ぎ入れる。

3. チョコレートチップ、チョコレートクランチ、フランボワーズをトッピングする。

4. スプーンを刺して冷蔵庫で約2時間冷やし固める。

例えばスプーンに好きな絵を描いたり、Thank you！などの文字を書いてプレゼントすると喜ばれる。キャラメルクランチやシリアル、小さなクッキーなどを乗せても面白い

ストローで作るケーキトッパーいろいろ

余っている布のリボンがあったら、2本のストローの両端で結んだり、麻布に短いリボンをたくさん結んでぶら下げれば、パーティー向きの飾りになる。

色のついたカップケーキ用のアルミホイル4つを張り合わせて、リボンをつけてストローに結びつけたもの。余ったお菓子の包み紙やリボンなどもとっておくと便利！

チョコレートバーのラッピング

P93のようなチョコレートバーを贈る時はラッピングにも凝ってみて。写真は筆につけた絵の具のしぶきをかけてみたり、ストローで拭いてみたりした紙をオリジナルラッピングに。

07

これはマジック？
ハーブティーを使った青いゼリーが紫に早変わり！

色の変わるゼリー

材料（グラス4個分）

水······························· 300ml
グラニュー糖 ··················· 30g
板ゼラチン ····················· 7.5g
バタフライピー※（ティーバッグ）··· 1個
レモン ·························· 1個

作り方

1. 板ゼラチンは分量外の水でふやかしておく。レモンはスライスにするか実をほぐしておく。

2. 鍋に300mlのお湯を沸かし、バタフライピーを数分煮出す。バタフライピーを鍋から取り出し、グラニュー糖を入れて溶かす。

3. 粗熱が取れたらゼラチンを加えて溶かし、水にくぐらせたバットに流し入れて冷蔵庫で40分冷やし固める。

4. フォークを使って形をくずしながらグラスに盛り、スライスレモンを混ぜていただく。

> レモンを混ぜると色が変わる！

※バタフライピーには子宮収縮効果があるといわれているため、妊娠中や授乳中は使用を控えて下さい。

Point

🧪 天然のリトマス試験紙

ハーブの中に含まれる色素「アントシアニン」が、酸性のレモンに反応して青色が紫に変わる。食卓には他にも酸性の食材・アルカリ性の食材がある。調味料を探してみて。

➕ 色が変わるドリンクも作れる

バタフライピーのアイスティーを作って、レモンをしぼって色を変えるのもマジックのよう。まるで朝焼けのようなグラデーションが見られるよ。

08

一見、普通のケーキでも、
いつまでも「しっとり」しているのには理由がある。

しっとりバナナケーキ

材料 (7cm×16cm×高さ6cmパウンド型I台)

薄力粉 ……………………… 200g
ベーキングパウダー …… 小さじI
無塩バター ……………… 80g
グラニュー糖 …………… 60g
卵 ………………………… I個
ヨーグルト ……………… 100g
バナナ …………………… 2本
メープルシロップ ……… 20ml

下準備

ヨーグルトはコーヒーフィルターに入れ、
一晩冷蔵庫に置いて水気を切る。
バターと卵は室温にもどす。
型にクッキングシートを敷く。

作り方

1. バナナは皮をむき、I本はプラスチックバッグに入れて手でつぶし、ピューレ状にする。 もうI本は縦半分に切る。

2. ボウルにバターとグラニュー糖を入れ、泡立て器ですり混ぜる。

3. 2に溶き卵とヨーグルトを加えて混ぜ、ピューレ状にしたバナナを加えてさらに混ぜる。

4. 3にふるった薄力粉とベーキングパウダーを混ぜたら、生地を型に流し入れ、ゴムべらで中央を低くへこませ、両端が高くなるように生地をならす。

5. 縦にスライスしたバナナをのせて、180℃に予熱したオーブンで約45分焼く。

6. 竹串を刺して何もついてこなければ型からはずし、熱いうちに電子レンジ (600W約40秒) で温めたメープルシロップを全体に塗る。

Point

🔬 水分量をコントロールする

「しっとり」させるためには、「水分を抜かない」ことが肝要。けれど大抵の水分はオーブンの熱で蒸発して乾燥してしまう。そこで役立つのが、"余分な水分"を最初から除いたしっとりとした食材。ヨーグルトをしばらく置いておくと、水分（上澄み液）が溜まっているのは、このレシピでいう"余分な水分"。コーヒーフィルターをろ紙にして、ヨーグルトの水分を抜いてみると…一晩置いただけで余分な水分が落ちる。このヨーグルトを食べると、濃厚でおいしい！

09

フルーツなど重たいものをケーキに入れて焼くと
普通は下に沈んでしまうのに、なぜ均等に具が散らばるの?

具が沈まないフルーツケーキ

材料 (7cm×16cm×高さ6cmパウンド型1台)

薄力粉‥‥‥‥‥‥‥‥‥‥ 120g	はちみつ‥‥‥‥‥‥‥‥ 小さじ1
アーモンドパウダー ‥‥‥ 30g	ドレンチェリー ‥‥‥‥ 30g
無塩バター‥‥‥‥‥‥‥‥ 100g	ミンスミート ‥‥‥‥‥‥ 200g
メープルシュガー ‥‥‥‥ 100g	(ドライイチヂク、ドライカレンツ、りんご、
卵‥‥‥‥‥‥‥‥‥‥‥ 2個	ドライレーズン各50g、ラム酒100ml)

作り方

1 ボウルにバターとメープルシュガーを入れ、泡立て器ですり混ぜる。

2 1に溶き卵を少しずつ加え、そのつどよく混ぜ、アーモンドパウダー
とはちみつを加えてさらに混ぜ合わせる。

3 別のボウルにミンスミートの材料と薄力粉大さじ2杯を入れ、混ぜ合
わせる。

4 2に残りの薄力粉をふるい、少し粉が残る程度にさっくりと混ぜた
ら、3のミンスミートとドレンチェリーを加えて混ぜ合わせる。

5 クッキングシートを敷いた型に生地を流し入れ、ゴムべらで中央を
低くへこませ、両端が高くなるように生地をならす。

6 170℃に予熱したオーブンで50分焼く。

Point

🜶 具が均等に散らばるテクニック

ミンスミートに少量の薄力粉をまぶすことで、薄
力粉がのりのように生地にくっつき、まんべんなく
散るように工夫できる。ケーキ生地も空気の多い
軽い食感ではなく、バターを用いた重たい食感の
ケーキにすることで比重が近づき上手くいく。

Couleur et forme
色と形を楽しむ

自然と芸術、数学と科学は似ています。
お菓子作りは、そのすべての要素を含んでいます。

例えばミツバチの作る巣「ハニカム構造」は、
なぜ六角形なのか。
素早く作れて、雨風に耐えて子どもを守る形として、
一番効率がよく、丈夫なのがあの形。
一つの壁を隣り合わせにして部屋を数多く作れ、
四角や三角より強く、最短距離で作れ、
丸のように無駄な隙間ができません。

お菓子もただおいしいだけでなく、
その組み合わせは科学と数学でできています。
そこにさらに色の組み合わせやデザイン、丈夫な角度、
形の不思議、アートをプラスしてみたら、
もっと何倍も楽しめそうです。

01

カップケーキに、デコレーションしてみよう。
アイデアは無限大！

カップケーキ

材料 (カップケーキ型12個分)

【カップケーキ】

薄力粉	125g
コーンスターチ	45g
メープルシュガー	170g
重曹	小さじ 3/4
コーン油	125g
豆乳	70ml
ヨーグルト	70g
卵	1個

【バタークリーム】

無塩バター	100g
粉砂糖	300g
好みの食用色素 （ジェルタイプ）	少量

下準備

薄力粉、コーンスターチ、メープルシュガー、重曹は合わせてふるう。

作り方

1. ボウルにふるった粉、コーン油、豆乳、ヨーグルト、卵を入れて泡立て器で混ぜ合わせる。

2. グラシン紙を敷いたカップケーキ型に1を流し入れ、150℃に予熱したオーブンで約40分焼く。

3. ボウルに室温にもどしたバターと粉砂糖を加えて泡立て、バタークリームを作る。好みの色に着色する。（クリームが硬い場合は、分量外の牛乳で調整する。気温によって夏はゆるく、冬は固いクリームになる）

4. 好みの口金をつけた絞り袋にバタークリームを入れ、粗熱の取れた2に絞り飾りをする。

- -

Memo バタークリームは冷凍保存できます。冷凍庫から取り出して室温にもどしてやわらかくなったら、再び使えます。

Point

どうやってその形を作る？

一見、複雑そうに見える飾りの形も、よく観察してみれば、シンプルな形の集合体の場合も。真似して作ってみたい写真から、どうやったらその形や模様を作れるのかを逆算で考えてみると面白い。同じ道具でも、使い方で違うことができる。

星形口金　　丸口金

Idées déco
絞り方いろいろ

丸口金をつけた絞り袋に白色のクリームを入れてカップケーキを少しずつ回転させながらで外側から内側に向けてスッと花びらのように描く。最後に真ん中に星口金をつけた絞り袋にピンク色のクリームを入れて、1周絞る。

口金 ●＋✳

 →  →

白色のクリーム、ピンク色のクリーム、水色のクリーム、緑色のクリームを4種類まとめてラップに包み星口金をつけた絞り袋に入れ、左右に動かしながら絞る。

口金 ✳

 → 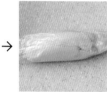 →  →

丸口金をつけた絞り袋に白色のクリームを入れて、カップケーキの中心からぐるぐると外向きへ円を描いて隙間を埋める。最後に星口金をつけた絞り袋に緑色のクリームを入れて、3回プッシュする。

口金 ●＋✳

一番上の要領で丸口金をつけた絞り袋に好きな色のクリームを入れてカップケーキを少しずつ回転させながらで外側から内側に向けてスッと花びらのように描く。さらにもう1段上に小さな花びらを重ねる。

口金 ●

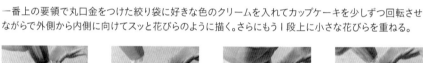
 →  →  →

口金の種類や絞り方が変わるだけで、いくつもの模様が作れます。
ここでは丸口金と星口金の2種を使った絞り方を紹介します。

口金 *

白色のクリーム、ピンク色のクリーム、紫色のクリームの3つをラップに包み、星口金をつけた絞り袋に入れ、プッシュしながら重ならないように隙間をうめる。

 →  →

口金 *

星口金をつけた絞り袋にピンク色のクリームを入れてカップケーキの中心から外側に向けてぐるっと1周絞ったら最後は中央に向けて止める。最後に星口金をつけた白色のクリームをプッシュして飾る。

 →  →  →

口金 *

星口金をつけた絞り袋にピンク色のクリームを入れてカップケーキの上に丸を描く。少し重ねてもう1度丸を描く。左右に星口金をつけた白色のクリームをプッシュして飾る。

 →

口金 *

一番上の要領で、白色のクリームとピンク色のクリームをラップに包み、星口金をつけた絞り袋に入れ、プッシュしながら重ならないように隙間をうめる。仕上げに星口金をつけた白色のクリームで絞る。

 →  →  →

02

食べられる花びらを使えば、簡単に華やかなケーキが完成。

フラワーケーキ

材料（直径15cmのスポンジケーキ1台分）

基本のスポンジケーキ（P54参照）… 1台

【ホイップクリーム】
生クリーム ……………………… 200ml
グラニュー糖 …………………… 20g
いちごのコンフィチュール（P98参照）… 10g

【シロップ】
水……………………………… 50ml
グラニュー糖 …………………… 25g

エディブルフラワー ……………… 適宜

下準備

ホイップクリームを作る。
ボウルに生クリームとグラニュー糖を入れ、ボウルの底を保冷剤に当てながらハンドミキサーで混ぜ、7分立てに泡立てる。（P9参照）
1/3量を別のボウルに取り分け、コンフィチュールと混ぜ合わせる。

作り方

1 スポンジケーキは横半分に切る。

2 小鍋にシロップの材料を入れて火にかけ、グラニュー糖が溶けるまで温める。

3 スポンジケーキの表面にシロップを刷毛で塗る。シロップを塗ることで、生地がしっとりする。

4 回転台にスポンジケーキ（下側）をのせ、コンフィチュール入りのクリームをパレットナイフで塗り広げる。

5 スポンジケーキ（上側）を重ねて、残りのクリームを塗る。上面にクリームをのせ、回転台を回しながらパレットナイフで伸ばす。生クリームを足しながら側面も塗り広げる。

6 回転台を回しながら、パレットナイフを立てて側面を平らにならしたら、上面もパレットナイフで平らにならす。回転台を回しながら余分なクリームを取る。泡だてたクリームは、パレットナイフで触れすぎるとツヤがなくなり口当たりが悪くなるため、手早く塗るのがポイント！

7 エディブルフラワーの花びらを1枚ずつ飾る。

Edible Flower

エディブルフラワー

1.16.17_パンジー　2.3.4_ストック　5.6.7.8.9.10.11.14.15_プリムラ　12_ノースポール　13.18_ビオラ

エディブルフラワーの氷

材料（製氷皿1枚分）

エディブルフラワー　…適量
水………………………適量

作り方

1　製氷皿に水半量とエディブルフラワーを
　入れ、冷凍庫で1時間冷やし固める。

2　1の上から水半量を注ぎ入れ、冷凍庫で
　1時間冷やし固める。

スミレの砂糖漬け

材料 (スミレ20枚程度)

エディブルフラワー（スミレ）20 枚
卵白······························ 1 個分
グラニュー糖 ················ 50g

作り方

1. クッキングシートの上にスミレを並べて卵白を刷毛で塗る。
2. 上からまんべんなくグラニュー糖をふりかけ、1日乾燥させる。

Point

⚗ なぜ花なのに食べられる？

食べられるお花、エディブルフラワーがあるのを知ってる？農薬など使わず、食べることを前提にして育てられたお花たち。日本では愛知県が主な産地。花びらをちぎってデコレーションするペタルフラワーケーキでは、花びらが何枚あるか数えてみよう！色の配置も自分なりに工夫したら、とってもステキなケーキのできあがり！普通の観賞用の花びらには毒のあるものも多々あるので、それは飾らないように。

エディブルフラワーの
チョコレートバー

材料 (チョコレート板2枚分)

ホワイトチョコレート ·············· 200g
スミレの砂糖漬け（左参照）······ 適量
ドライローズ ························· 5g
クランベリー ······················· 10g
スプリンクル ······················· 適量

作り方

1. ホワイトチョコレートを湯せんにかけテンパリングする(P70参照)

2. 水にくぐらせた型に1を流し入れ、スミレの砂糖漬け、ドライローズ、クランベリー、スプリンクルをのせる。

3. 冷蔵庫に入れて2時間冷やし固める。

03

よく見かけるフルーツも、切り方を変えれば
面白い形が見えてくる。

輪切りのフルーツケーキ

材料（14×23×高さ5cmケーキ1台分）

基本のスポンジケーキ（P54参照）…1台

【ホイップクリーム】
生クリーム …………………… 100ml
グラニュー糖 ………………… 10g

【シロップ】
水……………………………… 50ml
グラニュー糖 ………………… 25g

オレンジ …………………… 1/2個
キウイ ……………………… 1個
いちご ……………………… 1粒
ブルーベリー …………… 10g
フランボワーズ ………… 10g
（ぶどう、バナナなどお好きなフルーツで！）

作り方

1️⃣ 基本のスポンジケーキ（P54）と同様に生地を作り、長方形の型に流して焼く。

2️⃣ 小鍋にシロップの材料を入れて火にかけ、グラニュー糖が溶けるまで温める。

3️⃣ ホイップクリームを7分立てに泡立てる（P9参照）

4️⃣ 冷めたスポンジケーキの表面にシロップを塗り、ホイップクリームを塗り広げる。

5️⃣ スライスしたオレンジ、キウイ、いちご、ブルーベリー、フランボワーズを飾る。

Point

🧪 **どんな形か、よく観察してみよう**

輪切りにした時に表れる果実の模様。フルーツの外側
も美しいけれど、断面の世界にも驚きがある。色んなフ
ルーツを輪切りにしてみよう！ キウイの種は黒い粒。
いちごの種はどこにあるか分かるかな？ 正解は外側の
つぶつぶ。1個食べると100粒以上の種を食べているこ
とに。タテに切るのと、ヨコに切るのでも断面が違うの
で試してみて。ゼリーやスムージーを作る時にフルーツ
の断面を見せるようにグラスに貼り付けても。

04

同じ生地を使っても、
その置き方でいろんな変化ができる。

1・2・3本のアップルパイ

材料（カップケーキ型6個分）

冷凍パイシート
（18〜20cm四方のもの）… 2枚

【フィリング】
りんご ……………………… 1個
はちみつ ………………… 10g
シナモン …………………… 3g
レーズン ………………… 10g

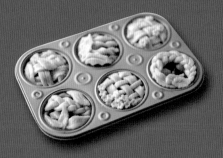

下準備　冷凍パイシートを冷蔵庫に移し、20〜30分おいて解凍する。

作り方

1. フィリングを作る。小鍋にサイコロ状に切ったりんごとはちみつ、シナモンを入れて、りんごが柔らかくなるまで煮詰める。

2. パイシートは直径8cmの円形に6枚くり抜き、冷蔵庫で冷やしておく。

3. 残りのパイシートの半分は帯状に切って、飾り編みをする。残り半分は好きなクッキーの型で型抜きをする。

4. カップケーキ型に冷蔵庫から取り出したパイシートを敷き、1のフィリングとレーズンを詰める。

5. 4に3のパイシートをかぶせて180℃に予熱したオーブンで約40分焼く。

- -

Memo　パイシートを扱うときは手早く作業を。生地がだれてしまうとパイが膨らまなくなります。柔らかくなったら冷蔵庫で数分冷やして。

Point

🧪 3本のひもで色んな模様が作れる

ひも（糸）は、1本・2本・3本になることで色んな紡ぎ方ができる。細長いパイ生地1本でできるツイストアップルパイ、2本の細長いパイ生地を交差させてできる籠のアップルパイ、3本の細長いパイ生地でできる三つ編みなどいろいろ組み合わせてみよう。

  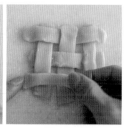

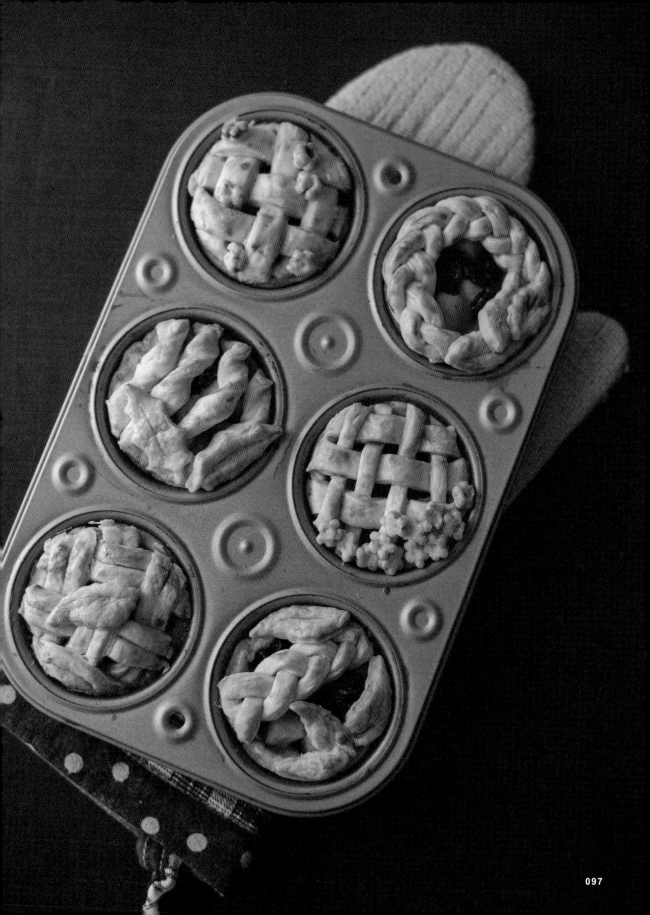

色と形の実験

05

絵の具で絵を描くように、色は自然の果物から。
パレットのようにたくさんのジャムを作って飾りに使おう。

コンフィチュールのパレット

色んな色のコンフィチュール①

いちご

材料（作りやすい分量）

いちご …………… 150g
はちみつ ………… 50g
レモン汁 ………… 小さじ1

作り方

1 小鍋に材料をすべて入れ、10分程度おく。

2 弱火にかけ、とろみがついたら火を止める。

色んな色のコンフィチュール②

ブルーベリー

材料（作りやすい分量）

ブルーベリー …… 150g
はちみつ ………… 50g
レモン汁 ………… 小さじ1
タイム …………… 少量

作り方

1 小鍋にブルーベリー、はちみつ、レモン汁を入れ、10分程度おく。

2 弱火にかけ、とろみがついたら火を止めてタイムを加える。

色んな色のコンフィチュール③

フワンボワーズ

材料（作りやすい分量）

フランボワーズ … 150g
はちみつ ………… 50g
レモン汁 ………… 小さじ1
ローズオイル …… 3滴

作り方

1 小鍋にフランボワーズ、はちみつ、レモン汁を入れ、10分程度おく。

2 弱火にかけ、とろみがついたら火を止めてローズオイルを加える。

⚗ コンフィチュールで色遊び

フルーツには天然の色素が含まれている。そのフルーツ自体に含まれるペクチンという成分と砂糖の作用でとろみがつく。絵の具のパレットみたいに広げて、コンフィチュールにしてパンに塗ってみよう。

色んな色のコンフィチュール④

オレンジ

材料（作りやすい分量）

オレンジ …………… 1個
しょうが ………… 1片
はちみつ ………… 50g

作り方

1 オレンジは皮をよく洗い、皮がついたまま薄いいちょう切りにする。

2 小鍋にオレンジ、しょうが、オレンジがかぶるくらいの水を入れ、皮が柔らかくなるまで約20分煮る。

2 はちみつを加えて弱火にかけ、とろみがついたら火を止める。

色んな色のコンフィチュール⑥

ミルク

材料（作りやすい分量）

牛乳…………………… 100ml
生クリーム ……… 100ml
はちみつ ………… 50g
コーンスターチ … 大さじ1

作り方

1 小鍋に牛乳と生クリーム、はちみつを入れて火にかける。

2 沸騰したら弱火にし、分量外の水で溶いたコーンスターチを加え、とろみがついたら火を止める。

色んな色のコンフィチュール⑦

パッションフルーツ

材料（作りやすい分量）

レモン汁 …………… 1個分
パッションフルーツ… 1個
無塩バター ……… 50g
卵黄………………… 2個分
グラニュー糖 ……… 100g
薄力粉……………… 10g

作り方

1 小鍋にレモン汁とパッションフルーツ、バターを入れて火にかける。

2 ボウルに卵黄とグラニュー糖、薄力粉を入れて混ぜ、1を少しずつ加えて混ぜる。

3 2を小鍋にもどし、再び弱火にかけてとろみがついたら火を止める。

色んな色のコンフィチュール⑤

キウイ

材料（作りやすい分量）

キウイ …………… 150g
水…………………… 50ml
レモン汁 ………… 小さじ1
はちみつ ………… 50g

作り方

1 キウイはくし形に切る。

2 小鍋に材料をすべて入れ、10分程度おく。

3 弱火にかけてとろみがついたら火を止める。

06

フランス料理などのお店で出てくるステキなプレートを真似して
子どもでも作れる簡単なデザインを考えてみました。

ちょっと面白い、盛り付けアイデア

遠心力を使って

・市販のチョコレートソースを持って、手首
　をぐるぐる回しながら少しずつ出す。
・好みのフルーツを飾る。

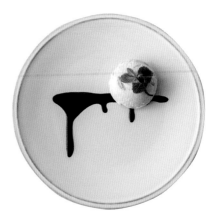

重力を使って

・市販のチョコレートソースで一本の線を
　描く。
・皿を傾け、重力で垂れてくるのを待つ。
・バニラアイスクリームとミントを添える。

パウダーを使って

・皿にフォークとスプーンを置く。
・茶こしを使ってココアパウダーをふるう。
・フォークとスプーンをはずし、カップケー
　キを添える。

パウダーを使って②

・皿の半分が隠れるようにクッキングシー
　トを置く。
・茶こしを使っていちごパウダーをふるう。
・クッキングシートをそっとはずし、マカロ
　ンケーキを添える。

スプーンを使って

- 丸口金をつけた絞り袋にホイップクリームを入れる。
- 皿に絞り出し、スプーンの背でクリームを伸ばす。
- フルーツケーキを添える。

水玉模様

- 皿にコンフィチュール（ミルク）を丸く広げる。
- コンフィチュール（いちご）を水玉になるようにスプーンでのせる。
- メレンゲキッスを添える。

ハートのリース模様

- 皿にコンフィチュール（ミルク）で円を描く①。
- ①の上にコンフィチュール（いちご）を水玉になるようにスプーンでのせる②。
- 楊枝を使って②の水玉を通るように線を描く。
- フラワーケーキを添える。

Point

 ## 偶然できる形や色も面白い

遠心力を使ったり、重力を使ったり、道具を使ったりしながら、真っ白なお皿にソースのアートを作ります。お皿を回してみたり、傾けてみたりすると、どうなる？ 道具を使うことでできる模様にも、驚きがいっぱい。その上にお菓子やフルーツを並べたら、おしゃれなデザートプレートが完成！

07

コンフィチュールよりも、もっと簡単なスムージー。
組み合わせで、色んな色が作れる。

いろいろスムージー

いろいろスムージー①

チョコバナナ

材料 (1人分)

冷凍バナナ ……… 1本
豆乳……………… 200ml
チョコレートクリーム 大さじ1
コーンフレーク 適量

作り方

1 バナナは、1口大に切って冷凍
する。

2 ミキサーにすべての材料を入
れ、撹拌する。

いろいろスムージー②

ブルーベリー

材料 (1人分)

冷凍ブルーベリー 50g
豆乳……………… 150ml
ヨーグルト ……… 50g
はちみつ ………… 小さじ1

作り方

1 ミキサーにすべての材料を入
れ、撹拌する。

いろいろスムージー③

パイナップル

材料 (1人分)

冷凍パイナップル 50g
豆乳……………… 200ml
はちみつ ………… 小さじ1
いちごジャム …… 適量

作り方

1 ミキサーにいちごジャム以外
の材料を入れ、撹拌する。

2 グラスにいちごジャムを入れ、
その上から1を注ぐ。

いろいろスムージー④

バナナ

材料（1人分）

冷凍バナナ ……… １本
豆乳……………… 200ml
はちみつ ………… 小さじ１
シナモン ………… 適量

作り方

1 バナナは1口大に切って冷凍する。

2 ミキサーにシナモン以外の材料を入れ、撹拌する。仕上げにシナモンを振る。

いろいろスムージー⑤

いちご

材料（1人分）

冷凍いちご ……… 50g
牛乳……………… 200ml
はちみつ ………… 小さじ１
ヨーグルト ……… 50g

作り方

1 ミキサーにすべての材料を入れ、撹拌する。

Point

色や食材を混ぜてみよう！

ミキサーに入れるだけで完成するスムージー。大好きなバナナジュース、いちごジュース、チョコレートジュース…を作ってみよう。どんな色になるかな？ また時間が経つとフルーツの色が変色するのは空気に触れて酸化するから。作って30分くらいを目安に新鮮なスムージーを楽しもう。

08

文字を書くのって難しい。
そんな悩みを解決。きれいに文字が書ける方法

反転カリグラフィービスケット

材料 (大きめのビスケット10枚分)

薄力粉·······················200g
粉砂糖······················80g
卵黄·······················1個分
無塩バター ···············75g
チョコレートペン ········1本

下準備

薄力粉はふるう。
バターと卵は室温にもどす。
好きな文字のカリグラフィーをプリントアウト
したら、裏返してクッキングシートを重ねる。

作り方

1. ビスケットは、レモンビスケット (P22) の作り方2〜3と同様にする。

2. クッキングシートの上から、チョコレートペンで文字をトレースする。トレースすると反転した文字になる。

3. チョコレートが固まったら、ビスケットにチョコレートを貼りつけ、そっとクッキングシートをはずす。

4. クッキングシートを敷いた天板に3を並べ、180℃に予熱したオーブンで15分焼く。

Point

トレースした文字を写す

チョコレートがクッキーに写って、そのまま焼けるって面白い。いろんなカリグラフィーに挑戦してみよう。ただし、ひっくり返す工程が入るので文字や数字の反転に気をつけて！ ステンシルを使ってクッキングシートの裏側に文字を描いたり、ステンシルを裏返してチョコペンで描いてもいいね。

色と形の実験

09

ヘンゼルとグレーテルのような、お菓子の家を作ってみよう！

はちみつパンのお菓子の家

材料（お菓子の家2台分）

薄力粉 ················	100g	【バタークリーム】
強力粉 ················	50g	無塩バター ··········· 100g
はちみつ ··············	100g	粉砂糖················· 300g
グラニュー糖 ········	45g	
ショートニング ······	20g	【アイシング】
シナモンパウダー ···	10g	粉砂糖················· 100g
		レモン汁 ············· 少々

作り方

1 薄力粉と強力粉、シナモンパウダーを、合わせてふるっておく。

2 鍋にはちみつとグラニュー糖、ショートニングを入れて火にかけ、煮溶かす。

3 1に2を加えて混ぜ、ひとまとめにする。

4 3をラップで包み、常温で1時間休ませる。

5 4を3mmほどの厚さに伸ばして型（P110参照）に合わせて切り、170℃に予熱したオーブンで18分焼く。

6 バタークリームを作る。常温にもどしたバターに、粉砂糖を加えて混ぜる。

7 6を使って5を組み立て、お菓子などを飾る。

8 アイシングを作る。粉砂糖にレモン汁を少しずつ加えながらスプーンですくうととろりと落ちるくらいの固さにする。アイシングで7に氷柱をつける。

> **Point**
>
> ⚗️ どう組み立てる？
>
> 最古のレシピと言われるはちみつパン（レープクーヘン）。歴史はエジプト文明にまで遡るとか。特にはちみつは糖度が高く腐敗しにくいため、滋養のため、長生きのため、美容のため、魔女が食べ続けたとも。ヘンゼルとグレーテルの物語にも登場するよね！レープクーヘンを使って、お菓子の家を作ってみよう。立体的に組み立てるって、ちょっと難しい？ 巻末の型紙を使って作ったら、今度は自分だけの家も設計してみよう。

お菓子の家のパーツ作りアイデア集

屋根の配列もポイント！

ラムネを使って

ウエハーキャンディを使って

グミを使って

プレッツェルを使って

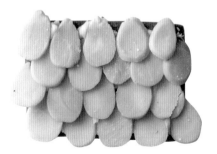

アーモンドスライスを使って

ドライパイナップルを使って

身近なお菓子を使って、デコレーションを楽しもう。
横に並べてみる・縦に並べてみる・交互に並べてみる…と、配列にも注目しながら
いろいろ試すと、たくさんの模様が発見できる！
自分だけのオリジナルを作ってみて！

扉はどのお菓子で作る？

ウエハースを使って

シナモンを使って

マシュマロと
ドレンチェリーを使って

チョコレートと
スプリングを使って

アイシングを使って

ガムを使って

窓ガラスをステンドグラス風にする技

窓を型抜き、砕いたキャンディを置いて生地と一緒
に焼くと、ステンドグラスのような仕上がりに。

実 物 大 型 紙

お菓子の家を作る時に一番大変なのが設計。
自分で考えるのも図工や算数のようで楽しいですが、
面倒な場合は、この実寸大の型紙をコピーにとって、
生地をカットするのに使って下さい。

煙突

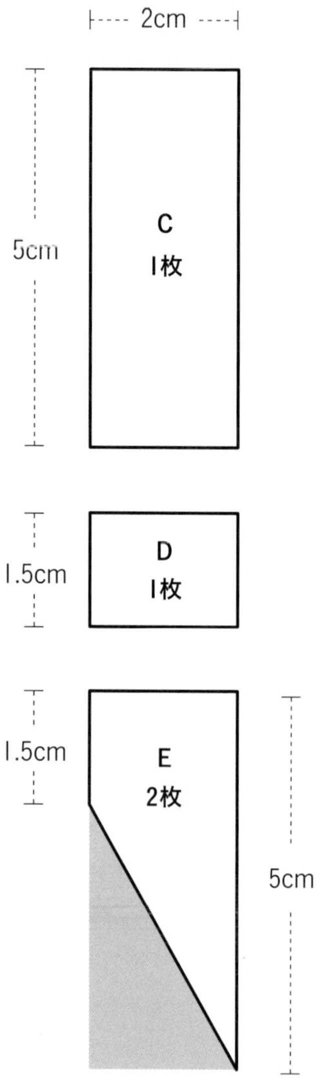

2cm

5cm

C
1枚

1.5cm

D
1枚

1.5cm

E
2枚

5cm

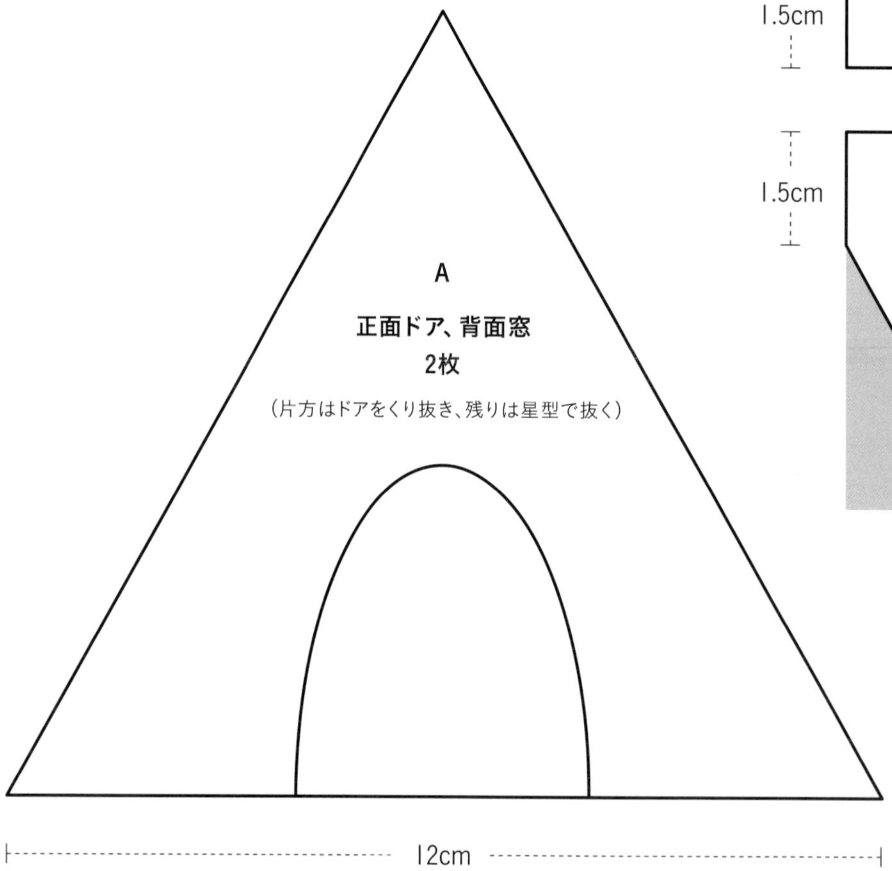

A

正面ドア、背面窓
2枚

（片方はドアをくり抜き、残りは星型で抜く）

12cm

組み立て方の展開図

型紙通りに生地をカットしたら、図の
ように組み立てます。接着面はバター
クリームでくっつけ、アイシングで丈夫
にします。飾りは自由自在。同じ型紙
でも一つとして同じ家はできません。
自分だけの家を作ってみて下さい！

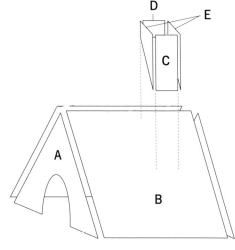

B

屋根
2枚

12cm

12cm

太田さちか

ケーキデザイナー、芸術教育士。パリ サンジェルマン・デ・プレで過ごし、慶應義塾大学、エコール・ド・リッツ・エスコフィエ、京都造形芸術大学大学院など日本とフランスで製菓、芸術を学ぶ。芸術教育士として、キッズクリエイティビティを軸にしたアトリエアプローチを実現。こどもとママンのための「My little days」設立。10年以上に渡り、子どもを対象にしたワークショップを展開。『sachi & cakes』ケーキデザイナー、コラムニストとしても幅広く活動。子どもたちの興味や不思議、好き!といった感性に寄り添いながら、独自の世界観あふれる ワークショップ、レシピが好評を呼び、企業サイトやウエディングシーン、多数メディアで活躍。著書「メレンゲのお菓子 パブロバ」(立東舎)は国内外で好評を博し、台湾版も出版。

[撮　　影] 三好宣弘
[企画・スタイリング] 長井麻記
[編　　集] 山下有子
[デザイン] 山本弥生
[撮影協力] 明治屋、株式会社 明治

不思議なお菓子レシピ　サイエンススイーツ

2020年　4月21日　第1刷発行
2022年　7月19日　第12刷発行

発 行 人　山下有子

発　　　行　有限会社マイルスタッフ
　　　　　　〒420-0865 静岡県静岡市葵区東草深町22-5 2F
　　　　　　TEL:054-248-4202

発　　　売　株式会社インプレス
　　　　　　〒101-0051 東京都千代田区神田神保町一丁目105番地

印刷・製本　株式会社シナノパブリッシングプレス

乱丁本・落丁本のお取り換えに関するお問い合わせ先
インプレス　カスタマーセンター
FAX:03-6837-5023　service@impress.co.jp
※古書店で購入されたものについてはお取り替えできません。

easter egg

tray

orange

Petits Chefs

La pâtisserie, c'est la chimie

c'est drôle et c'est bon !

Bon appétit !

Sachica Ota

cupcake

white

pink

white

gradation

white

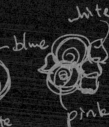
white

blue

pink